Súper aprendizaje:

Estrategias avanzadas para una comprensión más rápida, una mayor retención y una experiencia sistemática.

Por Peter Hollins,
Autor e investigador en
petehollins.com

INTRODUCCIÓN 7

CAPÍTULO 1. CONDICIONES FÉRTILES PARA APRENDER 13

El período de atención humana 15
Aprendiendo en lapsos de tiempo cortos 19
Conceptos antes de hechos, entendiendo antes de memorizar 23
Busca frustrarte (sí, en serio) 32

CAPÍTULO 2. RETENCIÓN DE LA MEMORIA 45

Olvidar 50
La curva del olvido 55
El ciclo de estudio 58
Práctica de recuperación 64
Repetición espaciada 72

CAPÍTULO 3. TÉCNICAS PARA EL APRENDIZAJE ACTIVO 84

Interrogación elaborativa 91
La técnica de Feynman 100
Práctica intercalada 103

CAPÍTULO 4. HAZ QUE EL APRENDIZAJE SEA SECUNDARIO 114

Las seis facetas del entendimiento 125
Aprendizaje basado en la resolución de problemas 132
Gamificación 145

CAPÍTULO 5: ENSEÑANDO PARA APRENDER 156

La pirámide de aprendizaje 157

El efecto protégé 162
Otorga una buena valoración 167
Procesamiento profundo de la información 175
Una indagación más profunda 188
El método PQ4R 200

CAPÍTULO 6. ERRORES EN EL APRENDIZAJE 214

Lectura floja 215
Mentalidad fija contra mentalidad de crecimiento, ¿cuál es la mejor? 225
El mito de adecuar los métodos de aprendizaje 233
Estilos mentales contra estilos de aprendizaje 241
Tomando notas flojas 247

GUÍA DE ENSEÑANZAS 261

Introducción

Aprender nunca ha sido fácil para mí, lo que explica mi posición de estudiante mediocre desde preescolar hasta el duodécimo grado y a lo largo de la universidad.

Incluso mis padres parecían saber instintivamente cómo el aprendizaje era un desafío para mí, ya que comenzaron a hablarme de la "calle" y lo bueno que era con las manos. Asumí que esto era solo para que pudiesen encontrar algo por lo que elogiarme, ya que no tenían la oportunidad de hacerlo con mis notas.

Nunca fue algo contra lo que luchara o por lo que me sintiera mal como lo harían otros niños. Supongo que algunos podrían haber visto a otras personas como los primeros de su clase y se sintieron frustrados y celosos. Yo solo sentía que todos tenían algo con lo que contribuir a su propio modo y que las notas no eran necesariamente una medida valiosa para mí.

Lo sé, eso es muy poco perspicaz para un niño. Pero, de muchas maneras, también estaba increíblemente desorientado.

Resulta que estaba en lo correcto sobre que las notas no son importantes. La vida *es* parcialmente sobre quién conoces, pero una vez que llegas allí, comienza a convertirse en una meritocracia. El concepto de aprendizaje, la habilidad para entender, recordar y usar conocimiento nuevo... bueno, eso es algo que realmente comienza a importar y puede hacer toda la diferencia en tu carrera, relaciones y felicidad. De hecho, se vuelve la columna vertebral de donde terminas, aunque podría darte un empujón donde comienzas.

Si puedes aprender rápidamente, puedes hacer lo que predicas de manera efectiva antes de que alguien pueda darse cuenta que estabas fanfarroneando todo el tiempo. Puedes descubrir oportunidades que nunca verías si estuvieses estancado incapaz de entender algo. Y generalmente tienes la habilidad de dirigir tu vida en la dirección que quieras porque tu habilidad para aprender es tu única barrera para empezar.

Esto nunca fue más aparente para mí que en mi primer trabajo. Tenía a un compañero de trabajo llamado John y comencé un par de semanas antes que él. Pronto se volvió evidente que mintió en su currículo y amañó su camino a la entrevista porque no tenía idea de cuáles eran sus responsabilidades o cómo usar el software base de la industria que todos debíamos manejar bien.

Al principio yo estaba molesto y quería que se hiciera justicia. Pero, luego pasó algo gracioso; él aprendía *increíblemente* rápido. Tenía notas en Post-its por todo su escritorio, tenía cuadernos llenos de notas, y siempre parecía estar escribiendo instrucciones de tres pasos para él mismo. Era increíble verlo dirigirse él mismo hacia el aprendizaje y en meses se estaba desenvolviendo a mi propio nivel de habilidad en todo lo que le faltaba antes.

Claro, puede que haya amañado su forma de entrada, pero en este punto, no había una diferencia práctica entre él y yo. Él había aprendido cómo hacer nuestro trabajo en tiempo récord y se mantuvo en la compañía por años luego de eso. Puedes llamarle a esto una epifanía aleccionadora sobre cómo pensaba en los *procesos* y el *valor* del aprendizaje.

Procesos: no puede ser tan difícil, y debe haber sistemas comprobados que las personas usan para aprender mejor. Después de todo, todos los niños que tenían mejores notas que yo no eran definitivamente más inteligentes ¿cierto?

Valor: vaya, aprender puede abrir muchísimas puertas. No tenía idea. Aplica a mucho más que el trabajo, probablemente aplica también para mis hobbies y vida diaria. Aprender me llevará a donde quiero estar.

Entonces, ¿qué es exactamente el aprendizaje (una definición no técnica)? Aprender es cómo creas la vida que quieres. Aprender es la única manera de crear una mejor versión de ti mismo. Aprender es una de las habilidades más fundamentales que puedes poseer porque, si no la tienes, ¿cómo cambiará o mejorará tu existencia? Bienvenido al *aprendizaje acelerado*, donde finalmente aprenderás a aprender.

Capítulo 1. Condiciones fértiles para aprender

¿Cómo aprendemos?

Parece una pregunta tan sencilla, pero décadas de literatura científica tienden a no estar de acuerdo con la noción. Podríamos simplemente considerar el aprendizaje como una actividad que comenzamos a practicar de bebés sin preparación alguna. En nuestros años de escuela, éramos los receptáculos para un constante flujo de información y experiencias. Y, en los entornos más tradicionales, los instructores medían lo bien que aprendíamos de acuerdo a lo bien que repetíamos la información para ellos. No teníamos opción en el asunto y simplemente seguimos el juego de lo que se nos presentaba.

Esta acumulación y regulación de datos casi sugiere que aprender es un proceso automatizado que solo podemos monitorear, no controlar. La verdad es, que existen factores, limitaciones y condiciones que afectan nuestra habilidad para aprender. Entender estos elementos puede ayudar a evitar errores y acelerar tu aprendizaje. Este libro usa principios y métodos científicos que te ayudarán de una manera que funcione mejor para ti.

Todas las actividades mentales, incluyendo el aprendizaje, son influenciadas por factores y condiciones tanto internos como externos. Podemos controlar algunos factores; otros tenemos que superarlos o saber cómo abordarlos. Este primer capítulo discute los principios científicos que manejan nuestras habilidades de aprendizaje y algunas de las mejores prácticas que podemos usar para expandir nuestra capacidad de aprendizaje. En otras palabras, debemos crear condiciones fértiles para aprender; de otro modo, solo nos estamos saboteando a nosotros mismos.

No tratarías de aprender a esquiar en un desierto, ¿o sí?

El período de atención humana

Una de las primeras condiciones para aprender que debes tomar en cuenta es el período de atención. Desde el 2006, el grupo sin ánimos de lucro universalmente conocido como TED (tecnología, entretenimiento y diseño), ha producido una serie de videos en línea que presentan a oradores y líderes influyentes de todos los ámbitos del negocio y la vida. Las charlas TED se han vuelto una fuente vital para compartir ideas y propagar la inspiración.

Una gran clave para el éxito de las charlas TED es su brevedad: todas se limitan a 18 minutos. El curador de TED, Chris Anderson, explicó que "son lo suficiente largas para ser serias y lo suficiente cortas para capturar la atención de las personas... al obligar a los oradores que están acostumbrados a seguir por 45 minutos a que lo reduzcan a 18, los pones a pensar en serio sobre qué quieren decir. ¿Cuál es el punto clave que quieren comunicar?"

La aplastante mayoría de las películas de Hollywood tienen una duración no mayor a 150 minutos; en el 2016, la mitad de ellas tuvo una duración de dos horas o menos. Las películas son más fáciles de apreciar porque son esencialmente pasivas: con la parte visual ya preparada, no tenemos que usar la energía extra del cerebro para imaginarla. Las charlas TED, por otro lado, son más activas, participativas y densas, con pocos estimulantes visuales más allá de la persona moviéndose de un lado a otro en el escenario. Deben ser más cortas. Aquí no hay accidentes, estas estipulaciones son todas intencionales para meditar el período de atención humano y para que sean lo más impactante posible.

Pero, tanto las charlas TED como las películas consumen capacidad mental, aunque a ritmos diferentes. En algún punto el cerebro se fatiga y debe tomar un descanso para recargarse, sea a través de la distracción o relajación. Sea una lección de una hora o una película de tres horas, ese agotamiento mental eventualmente se hace presente.

Los estudios han sugerido que el período de atención de un adulto saludable es, en promedio, de 15 minutos. Otros estudios (Microsoft Corporation) afirman que nuestro período de atención inmediato, un solo bloque de concentración, ha caído a un promedio de 8.25 segundos. Eso es menos que el período de atención de un pez dorado, el cual ha demostrado ser capaz de mantener un enfoque por unos casi eternos 9 segundos.

Cuando pensamos sobre el aprendizaje, no podemos evitar pensar sobre la atención y la memoria. Solo puedes aprender tanto como prestas atención; por consiguiente, muchos estudios en el área del aprendizaje y retención se enfocan en el aspecto del tiempo.

Entonces, ¿por cuánto tiempo *puedes* concentrarte? ¿Cuál es el tiempo óptimo para estructurar una sesión de estudio, por ejemplo? Ellen Dunn, del Centro para el Éxito Académico de la Universidad de Luisiana, sugiere que entre 30 y 50 minutos es la duración ideal para un material de aprendizaje. "Cualquier cosa que esté por debajo de los 30 minutos no es suficiente", dice Dunn, "pero, cualquier cosa más allá de los 50 minutos es demasiada información para que tu cerebro asimile de una sola vez". Luego de la completación de una sesión, debes tomar un descanso de cinco a diez minutos antes de comenzar otra.

Alrededor de 1950, los investigadores William Dement y Nathaniel Kleitman, descubrieron que el cuerpo humano generalmente opera en ciclos de 90 minutos, esté despierto o dormido. Este patrón es llamado el "ritmo ultradiano". El comienzo de cada ciclo está definido como un período de "agitación" que aumenta hasta un período central de alto desempeño antes de desacelerar finalmente en un período de "estrés". Entender cómo funciona el ciclo de ritmo de 90 minutos en el contexto de un ritmo mayor a 24 horas, "el ritmo circadiano", nos puede ayudar a predecir cómo funcionaremos en el trascurso del día y cómo podemos planificar de acuerdo a los picos de desempeño.

Todos estos ejemplos y estudios señalan una estrategia principal para mejorar nuestro aprendizaje: convertirlo en piezas más pequeñas de tiempo porque un montón de información simplemente no llegará a nuestras cabezas. Cuando aprendes a trabajar con tus propias habilidades y limitaciones internas, no solo aprendes mejor, sino que también evitas derrochar mucha energía, tiempo y esfuerzo que no te habrían llevado más cerca a tu meta.

Aprendiendo en lapsos de tiempo cortos

Cuando entrenas los músculos de tu cuerpo, los pones bajo una carga y haces que trabajen; se someten a diminutas y microscópicas rasgaduras y daños a nivel celular, pero luego, cuando se reparan, son mucho más fuertes de lo que eran antes. El cerebro no es un músculo, pero podemos pensar en la atención como un músculo que puede ser entrenado; debemos adecuar nuestro ritmo. Entrenar en exceso solo nos cansa, pero incorporar períodos de descanso de hecho nos hace más fuertes.

Al segmentar nuestras actividades de aprendizaje de acuerdo a bloques de tiempo, le damos a nuestro cerebro suficiente tiempo para que descanse y recupere energía y nos permite retener más información en períodos de tiempo más largos. Por esto es una buena idea comenzar una nueva rutina de aprendizaje simplemente al establecer un cronograma.

Planificación a largo plazo. Al inicio del semestre, curso en línea o proyecto de investigación, segmenta tu cronograma en bloques y establece un régimen de estudio. Puedes hacer esto fácilmente con un programa de calendario en línea gratuito desde virtualmente todos los proveedores de Internet o con un calendario de papel o sobre una pizarra.

Considera en qué momentos del día tiendes a lograr más. Algunos de nosotros comenzamos el día en un modo de alto desempeño, mientras que otros son los clásicos búhos. Solo asegúrate de dejar suficiente tiempo para dormir y comer. De hecho, existe una base científica para el hecho de ser más productivos por la noche y en la mañana, resumido por los términos "alondras madrugadoras" o "búhos nocturnos".

Si realmente has adaptado tu cerebro y cuerpo, puedes ponerte un poco más granular con tu cronograma al aplicar el ciclo de 90 minutos en el calendario. Por ejemplo, bloques de 90 minutos que cuenten como descansos y fatiga. Esto requiere un poco más de una introspección y monitoreo cuidadosos, pero si lo puedes reducir a un momento incluso más específico en el que tus habilidades de desempeño son más altas, puedes afinar tu agenda de aprendizaje todavía más.

Bloques de aprendizaje. Puedes adaptar la sesión de estudio de 30 a 50 minutos como dicta el estudio de la Universidad de Luisiana para tus propios objetivos. Recuerda que 30 minutos son suficientes para hacer que la sesión se estudio sea considerable y que ir más allá de los 50 minutos pone una presión injustificada en tu cerebro. Así que, dentro de tus bloques de tiempo semanal, asegúrate de programar un receso luego del tiempo de aprendizaje fundamental.

Nuevamente, ajústate a lo que sepas que tu sistema puede manejar; quizás son 50 minutos con un receso de 10 minutos o 45 minutos con un receso de 15 minutos. La sesión de estudio puede descender hasta los 30 minutos si es absolutamente necesario. Puedes usar el reconocido reloj Pomodoro, el cuál es comúnmente usado para la productividad laboral; 25 minutos de actividad seguidos de 5 minutos de una separación completa de esa actividad. La cantidad específica de tiempo no está establecida en piedra; sea cual sea, solo debe ser un marco de tiempo lo suficientemente sencillo para que te apegues a él de manera regular.

Solo pregúntate a ti mismo cómo podrías satisfacer el período de atención de un pez dorado o incluso de un niño. Nuestras mentes adultas no son tan diferentes cómo pensamos.

Conceptos antes de hechos, entendiendo antes de memorizar

El investigador Roger Säljö descubrió en 1970 que tendemos a ver el acto de aprender de diversas maneras, pero en general se reducen a dos categorías aproximadas: el aprendizaje *superficial* y el aprendizaje *profundo*. El aprendizaje superficial se relaciona con conseguir conocimiento, hechos y la memorización; el aprendizaje profundo se refiere al sentido abstracto y a entender la realidad. Estaremos volviendo a esta diferencia a lo largo de este libro, a medida que exploramos diferentes enfoques y técnicas de aprendizaje.

El uso de las palabras "superficial" y "profundo" podría simplemente implicar que el último es mejor que el primero en cualquier situación, pero eso no siempre es cierto. Algunos temas deben aprenderse a través de la memorización en lugar de buscar adicionalmente algún "significado" o contextualizar esos conceptos. De hecho, tu cerebro usa ambos procesos naturalmente. Si te diera una lista de 30 artículos aleatorios y pidiera que los recordaras, rebuscar en tu cerebro tratando de encontrar un patrón o relación entre cada artículo no te ayudaría. Eso desperdiciaría tu tiempo cuando la tarea en sí es simplemente retención de información.

Pero, la mayoría de las veces la memorización por repetición sirve para aislar hechos en lugar de conectarlos. Establece hechos como piezas de información solas y, sin un contexto sólido o relación con un contexto mayor, no ancla lo que aprendes. Esto está bien algunas veces, pero como consecuencia, lo que aprendes escapa de tu memoria a corto plazo con mucha facilidad.

La aplastante mayoría de cosas que pueden ser aprendidas tienen algún tipo de patrón; sea un patrón obvio u oculto. Estos patrones típicamente son lo que más te importa sobre aprender. Francamente, sin estos patrones, lo que aprendes no sería útil de todas maneras. Los patrones hacen que los conceptos sean útiles. Sin ellos, los hechos tienen una relevancia muy limitada o temporal y por ende no serían importantes de estudiar en primer lugar.

Después de todo, esta es la manera exacta en la que el cerebro humano ha evolucionado durante miles de años; solo los datos que son significativos y relevantes para la supervivencia serán absorbidos, retenidos y comprendidos.

Un curso de estudio típico contiene una mezcla de grandes ideas con un par de detalles. En ese entorno, siempre es mejor comenzar con las grandes ideas; los conceptos dominantes que enlazan los pequeños detalles.

La razón principal es que muchos pequeños detalles adoptan una calidad aleatoria al inicio, pero cuando se ven a través de los lentes de un concepto más amplio, encajan y forman un contexto. Eso hace que sea más fácil para el cerebro reconocer y recordar. Lo que estás haciendo esencialmente es presentando un mapa de toda el área conceptual, para que así puedas navegar mejor un camino a través de él sin perderte.

De hecho, a menudo puedes privarte de mucha memorización porque los conceptos en sí frecuentemente sirven para explicar los hechos. En lugar de tratar de memorizar por medios de repetición, seguir el concepto hasta su conclusión revelará los hechos a medida que te aproximas a los títulos; es una progresión lógica. Si entiendes los principios que gobiernan algo, los hechos siguen de manera orgánica. De esta manera, el entendimiento y la comprensión profunda siempre otorgarán una mejor calidad de aprendizaje que simplemente memorizar los detalles superficiales sin siquiera conectarlos entre sí.

Por ejemplo, si estuvieses estudiando la historia de los derechos Miranda en los Estados Unidos, podrías memorizar todas las personas clave: los jueces de la Corte Suprema, los abogados y los nombres de los demandantes y demandados. Podrías memorizar las fechas en el caso. Podrías memorizar el conteo de votos de todas las cortes involucradas en la demanda y las apelaciones. Podrías memorizar los nombres de los casos que siguieron. Podrías incluso escribir los conceptos de los derechos Miranda ("tiene derecho a permanecer en silencio", etc.). Suena un poco aburrido, ¿no

Ninguno de esos hechos tendría relevancia por sí solo, y no tendríamos razón alguna para guardarlos en la memoria. (De hecho, estoy seguro de que ya has olvidado algunos de ellos, ¡a pesar de que los acabas de leer!). Enfatizar los conceptos más grandes en torno a los derechos Miranda de los defendidos, los procedimientos policíacos, o casos de referencia de la Corte Suprema, ayudan a canalizar los hechos a medida que surgen. Una narrativa más amplia ayuda a contextualizar estos hechos y hace que *signifiquen* algo. En este contexto, es más probable que el cerebro retenga la información que de hecho necesita saber sobre el tema. Esencialmente serías capaz de predecir los hechos con un nivel razonable de precisión una vez que entiendes los conceptos subyacentes y cómo interactúan. Ciertamente, podrías no haber "memorizado" cierta información, pero cuando es necesario, puedes trabajar lógicamente tu paso a través de la pregunta y llegar a la misma respuesta como si lo hubieses memorizado.

Esto se conoce como *aprendizaje de conceptos*. Nos muestra cómo categorizar y diferenciar puntos de acuerdo a ciertos atributos críticos. Implica recordar un patrón y la integración de nuevos ejemplos e ideas. Y, en lugar de ser una técnica mecánica de memorización agotadora, el aprendizaje de conceptos es algo que puede ser construido y cultivado.

Usando el aprendizaje de conceptos en la vida diaria. Aplicar el método del concepto al aprendizaje y desarrollar nuevas habilidades, incluso fuera del salón de clases o el entorno de estudio, puede ayudar a obtener nuevos significados y, por extensión lógica, incluso mejorar cómo realizamos ciertas tareas o trabajos.

Cocinar es un ejemplo sencillo. La práctica estándar es que aprender una nueva receta implica seguir una lista de ingredientes y un conjunto de instrucciones. Si estás haciendo una salsa de tomates, puedes buscar una receta popular en Internet y tenerla cerca mientras la preparas. Puedes repetir este ejercicio tanto como quieras, y es probable que eventualmente te sepas los pasos lo suficientemente bien para repetir la receta sin una guía.

Pero, entender el *punto* de cada paso no es algo que llegue a través de las instrucciones. Generalmente no te dicen *por qué* sofríes cebollas y ajo primero, *por qué* esperas que la salsa hierva o *por qué* dejas que se reduzca por un rato. Entender que sofreír las cebollas y ajo crea un sabor base, que hervir la salsa distribuye los ingredientes, y que reducirla une los sabores te da un mejor entendimiento sobre el proceso de tu preparación.

Lo que es más importante, entender esos conceptos hace que sea más sencillo reconocer y usar las técnicas en otros platos completamente diferentes: sopas, chile con carne, salsas espesas e incluso el caldo base. Yendo más allá, aprender los detalles del proceso científico exacto podría abrir la puerta a cocinar comidas *completamente* diferentes que no están basadas en líquidos; en otras palabras, cualquier comida que puedas imaginar. Si simplemente sabes cuáles sabores tienden a estar en conflicto y cuáles se complementan, estarás mucho más adelante que el chef que memoriza recetas.

También puedes adaptar y ajustar si las cosas no salen de acuerdo al plan; ya que entiendes por qué ciertos pasos existen, puedes idear una alternativa si es necesario, apela por la creatividad o resuelve un problema. Te conviertes en una de esas personas que no necesita una receta, porque sabes más allá de solo leer una receta, *entiendes* lo que significa hacer una buena comida.

Este patrón es furtivamente fácil de copiar. Un dueño de una empresa pequeña calculando el presupuesto de impuestos está mejor preparado si conoce los conceptos de impuestos y cómo son distribuidos. Un músico que entiende cómo funciona el ritmo en el contexto de una canción sabe mejor cómo programar una batería electrónica. Un jugador de ajedrez consigue un mayor provecho al comprender las diferencias entre las estrategias en general en lugar de aprender cómo se mueve cada pieza. Incluso el lavandero comete menos errores y arruina menos piezas de ropa al aprender cómo el agua fría y caliente afecta los colores de diversas maneras. Entiendes la idea.

De hecho, ciertos tipos de educación y formas de aprendizaje son tan generales y transferibles que podrías ser diestro en una habilidad con la que nunca te habías encontrado antes, simplemente porque *sabes cómo aprender*. Puedes aprender lo básico de cualquier tarea e incluso realizarla adecuadamente un par de veces. Pero, saber los principios e ideas que la unen es una manera más efectiva de retener esos hechos y habilidades. Cuando llegue la hora de aprender algo nuevo, podrías muy bien ser capaz de enmarcar ese nuevo conocimiento con conceptos que ya has dominado.

Aprender de manera heurística es muy similar al acto de aprender conceptos (Barsalou, 1991, 1992). La heurística describe un patrón de pensamiento o comportamiento que organiza categorías de información y la relación entre ellas. Toma nuestras nociones o ideas preconcebidas del mundo y las usa como un medio para interpretar y clasificar nueva información.

Por ejemplo, existen maneras en las que podrías actuar en una fiesta de cumpleaños que no aplicarías en un funeral (y viceversa obviamente). Los "códigos" que sigues para como manejarías y cómo te comportarías en cada situación, y cualquier otra ocasión, están ordenados dentro de una heurística. Establecer y entender las reglas heurísticas para lo que sea que estés por aprender siempre es útil.

Otra gran manera de aprender conceptos es con la técnica de Feynman, la cual discutiremos luego en otro capítulo.

Busca frustrarte (sí, en serio)

En situaciones competitivas, atamos los logros al éxito: ganar, resultados positivos y encontrar soluciones. Pero, al aprender, un componente clave en los logros es *fracasar*. Es contraintuitivo, pero aceptar el tipo correcto de fracaso puede ser uno de los elementos clave para llevar tu aprendizaje al siguiente nivel.

El "fracaso productivo" es una idea identificada por Manu Kapur, un investigador del Instituto Nacional de Educación de Singapur. La filosofía se basa en la paradoja del aprendizaje, donde *no* llegar al efecto deseado es tan valioso como prevalecer, si no más.

Kapur decía que el modelo aceptado para inculcar el conocimiento, dándole a los estudiantes una estructura y guía al inicio y continuar el apoyo hasta que los estudiantes pueden conseguirla por cuenta propia, podría no ser la mejor manera de fomentar el aprendizaje. Aunque ese modelo tiene sentido intuitivamente, de acuerdo con Kapur es mejor dejar que los estudiantes avancen a trompicones sin ayuda exterior.

Kapur llevó a cabo una prueba con dos grupos de estudiantes. En un grupo, a los estudiantes se les dio un conjunto de problemas con "andamios", un apoyo completamente instructivo de los profesores en el sitio. Al segundo grupo se les dio los mimos problemas, pero no recibieron un profesor que los ayudara ni nada por el estilo. En lugar de eso, el segundo grupo de estudiantes tenía que colaborar para encontrar la soluciones.

El grupo con "andamios" fue capaz de resolver los problemas correctamente, mientras que el grupo que estaba por su cuenta no. Pero, sin el apoyo instructivo, este segundo grupo fue obligado a sumergirse más en los conceptos al trabajar en conjunto. Generaron ideas sobre la naturaleza de los problemas y especularon sobre cómo serían las posibles soluciones. Trataron de entender la raíz de los problemas y qué métodos estaban disponibles para resolverlos.

Los dos equipos fueron entonces probados sobre lo que acababan de aprender y los resultados ni siquiera se acercaban. El grupo sin la asistencia de profesores *superó con creces* al otro grupo. El grupo que no resolvió los problemas descubrió que Kapur consideró una "eficacia oculta" en el fracaso: promovieron un entendimiento más profundo de la estructura de los problemas a través de la investigación y proceso grupal.

El segundo grupo puede no haber resuelto el problema como tal, pero aprendió sobre los aspectos del problema y las ideas detrás del mismo. Yendo más adelante, cuando esos estudiantes se consigan con un nuevo problema en otra prueba, serán capaces de usar el conocimiento que generaron a través de la prueba de manera más efectiva que los recipientes pasivos de la experiencia de un instructor.

Consecuentemente, Kapur afirmó que las partes importantes del proceso del segundo grupo eran los lapsus, errores y la torpeza. Cuando ese grupo hizo un esfuerzo activo para aprender, retuvo más información necesaria para futuros problemas.

Tres condiciones, según Kapur, hacen que el fracaso productivo sea un proceso efectivo:

- Escoge problemas que "reten pero que no frustren".

- Dale a los aprendices la oportunidad de explicar y elaborar sus procesos.

- Permite a los aprendices comparar y contrastar las soluciones buenas y malas.

Tener dificultades con algo es una condición definida que lleva al aprendizaje, aunque requiere disciplina y un sentido de gratificación postergado.

¿Ayudar a un niño a... fracasar?

La noción del fracaso productivo también puede verse en estrategias para la crianza de niños. ¿Hacer que nuestros niños fracasen intencionalmente de hecho hace que el aprendizaje sea más fácil para ellos?

Judith Locke, de la Universidad de Tecnología de Queensland, menciona que la "sobrecrianza" podría mantener a nuestros hijos seguros y apoyados, pero podría impedir sus procesos de crecimiento. Locke observó que los hijos criados en un estado de impotencia estaban destinados a una edad adulta cargada de ansiedad. Los padres que eran demasiado sensibles a las necesidades de sus hijos restringieron la habilidad de sus hijos para resolver problemas por su cuenta y dificultaron el desarrollo de las emociones que necesitan para superar los futuros reveses y fracasos.

De cierto modo, nos "sobrecriamos" a *nosotros mismos*. Nos presionamos para no fracasar, trabajar demasiado duro para lograr el resultado deseado y nos frustramos cuando nos estancamos o quedamos cortos. ¿Cómo podemos, por así decirlo, hacer que el fracaso funcione para nosotros?

Pon tu cerebro en el modo "crecimiento". Cuando creemos que tenemos todo lo que necesitamos para lograr lo que queremos, nos preparamos para sentirnos decepcionados cuando nuestros procesos salen mal. Esto se debe a que pensamos que nuestras habilidades están establecidas; si no podemos tener éxito de acuerdo con lo que ya sabemos o podemos hacer, nunca podremos tener éxito. Eso hace que nuestras decepciones sean más profundas y corrosivas.

Así que al inicio de un proyecto que parece extraño, debemos decirle a nuestro cerebro que estamos en el modo aprendizaje. Debemos establecer que una de nuestras principales enseñanzas será nuevo *conocimiento*, no solo un resultado exitoso inmediato. Enmarca tus expectativas para hacer que el aprendizaje sea tan importante como el resultado; *más importante* de ser posible.

Documenta tu proceso. Las compañías usan los "rastros de papel" (literal o digitalmente) para determinar puntos o sucesos que alteraron un resultado. Cuando estás hasta el cuello en un nuevo proyecto, mantener tu propio rastro te ayudará a conseguir un nuevo conocimiento y a refinar tus procesos para futuros esfuerzos.

En adición a las herramientas que estés usando para un proyecto, prepara un diario para lo que descubras en el camino. Prepara este diario de la manera que quieras, sea un cuaderno de notas, procesador o software de texto, la grabadora de audio de tu smartphone o lo que prefieras. Documenta tu proceso de la manera en la que un chef escribiría los pasos de una receta o la manera en la que un detective comenta la evidencia de una investigación.

Estas notas pueden ser el núcleo del conocimiento que será útil en futuras situaciones, incluso si para lo que las estás usando ahora termina en un fracaso. Las ideas que generen podrían parecer pequeñas, especialmente si no llegan a funcionar. Pero, cuando usamos esta esencia para resolver problemas, su valor se incrementa. Podrías no darte cuenta de aportes a diario, pero cuando comparas semanas o meses de progreso, la diferencia podría ser deslumbrante.

Usa tus fracasos para planear los siguientes pasos. Si has documentado tu progreso y diagnosticado donde algo salió mal, entonces convierte esas evaluaciones en planes apartados de tu proyecto.

Por ejemplo, digamos que estás plantando un jardín vegetal por primera vez, anotando los pasos y técnicas que usas en el camino y, cuando es hora de cosechar, algunas plantas no salieron de la manera en la que debían hacerlo. ¿Fue porque usaste la tierra que no era? Usa tus recursos para descubrir *por qué* esa tierra no era la idónea y cómo debería ser realmente. ¿La planta en cuestión estaba muy cerca de otra? Aprende técnicas para maximizar el posicionamiento dentro de un espacio pequeño.

O una situación ligeramente más común, digamos que tus resultados de ventas quedaron cortos de proyecciones. Si encontraste un error que llevó a un costo sobrestimado, ubica información en línea sobre cómo preparar tus hojas de trabajo para evitar esos errores. Si tu "juego" de ventas estaba desviado, busca talleres que ayuden a mejorar tu discurso o a incrementar tus habilidades interpersonales para con clientes. Si simplemente no tuviste suficientes clientes, aprende cómo hacer que tu red profesional sea más amplia y más potente.

Espera la frustración, pero no sucumbas a ella. Existe la probabilidad de que te enfrentes a uno o dos momentos de derrota en tu proceso, junto con la tentación de rendirte. Podrías incluso sentir esto antes de comenzar, lo cual puede llevar a una devastadora ansiedad que puede ponerse por encima de tu trabajo.

Anticipar la frustración es solo una buena planificación, pero también tienes que planear cómo lidiar con ella. Describe una idea sobre cómo aliviar la frustración cuando surja. La mayoría de las veces, esto será descansar de la situación para recargar energías y alejarte temporalmente del problema. Muy a menudo el simple acto de hacer una pausa permite que la objetividad se filtre, permitiéndote ver el impedimento más claramente. Pero, en cualquier caso, calmará las ansiedades inmediatas que estés sintiendo y te dará la oportunidad de abordar el problema con una perspectiva más relajada

¿Por qué nos molestamos en abordar las precondiciones del aprendizaje efectivo? Porque muchas personas se meten de lleno en el aprendizaje sin entender lo que funciona en un nivel psicológico e incluso físico. Muchos otros piensan que el aprendizaje efectivo es medido por el número de horas dedicadas a una tarea, pero todos tenemos nuestras limitaciones y trabajar dentro de esos límites simplemente acelerará tu aprendizaje. No puedes trabajar más que tu período de atención o compromiso a la memorización.

Enseñanzas

- El aprendizaje acelerado significa trabajar con los mecanismos preexistentes e incorporados que todos poseemos. Cuando trabajamos con el cerebro, en lugar de en su contra, podemos sacarles el mayor provecho a nuestras experiencias de aprendizaje y disfrutar más del aprendizaje como tal.

- Un hecho inevitable es que el período de atención humano es limitado. Debemos respetar los límites de nuestra atención y planear el aprendizaje en base a ellos. Esto quiere decir digerir nueva información en piezas más pequeñas y manejables.

- Una buena duración para cualquier período de aprendizaje es más de 30 minutos y menos de 50. Si es demasiado corto no podrás conseguir profundidad alguna mientras que si es demasiado largo tus poderes cognitivos comenzarán a cansarse.

- Para usar tu tiempo sabiamente, planea por adelantado y designa tiempo en tu cronograma para bloques de aprendizaje específicos.

- Usa el aprendizaje de conceptos para guiarte: a medida que aprendes, prioriza el entendimiento y la comprensión en lugar de la memorización por repetición. Esto significa conceptos antes de los hechos. Cuando tienes una apreciación de información profunda y no superficial, anclas las nuevas ideas al contexto y hace que sea más fácil recordarlas y aplicarlas.

- Participa deliberadamente en el fracaso productivo. Acepta que el fracaso puede de hecho ser una fuente de información valiosa, si se acepta correctamente.

- Desafíate a ti mismo sin frustrarte y asegúrate de que cuando trabajes (y fracases) te das la oportunidad de ver de cerca *por qué* pasó lo que pasó. Pregúntate a ti mismo por qué fallaste y piensa sobre cómo pudiste haberlo hecho mejor.

- Cultiva una mentalidad de crecimiento, donde pones el ego a un lado y asumes que aprender es incómodo a veces. El fracaso es una parte del aprendizaje, así que acéptalo cuando pase. Usa tu fracaso para inspirarte a hacer nuevos planes para seguir adelante y dale forma a tus siguientes pasos.

- "Espera la frustración, pero no sucumbas a ella". Con la mentalidad correcta, el "fracaso" es algo que te acerca más al éxito, no te aleja de él.

Capítulo 2. Retención de la memoria

La memoria, por supuesto, está fuertemente relacionada con el aprendizaje. ¡Las personas rara vez pueden decir que han aprendido algo si no recuerdan nada de ello! Es por eso que muchísimas técnicas y métodos en torno al aprendizaje se enfocan en recordar. Sin embargo, como con otros aspectos de nuestra cognición, podemos mejorar drásticamente nuestra memoria si tomamos el tiempo para entender su función óptima y cómo podemos ayudarla para un mejor aprendizaje.

Si la memoria es un sistema de almacenamiento que existe dentro de un sendero neuronal específico, entonces el aprendizaje trata sobre cambiar los senderos neuronales para adaptar el comportamiento y pensamiento propio relacionado con el surgimiento de nueva información. Tienen una codependencia porque la meta del aprendizaje es asimilar nuevo conocimiento en la memoria, y la memoria es inútil sin la habilidad para aprender más. Existen muchas técnicas para la memoria, pero todas funcionan en sí sobre los contenidos de este capítulo.

La memorización es cómo almacenamos y recuperamos información para usarla (el proceso de aprendizaje esencialmente) y existen tres pasos para crear un recuerdo. Un error en cualquiera de estos pasos resultará en un conocimiento que no es convertido de manera efectiva para la memoria; un recuerdo débil o el sentimiento de "no puedo recordar su nombre, pero llevaba algo púrpura...".

1. Codificación
2. Almacenamiento
3. Recuperación

La codificación es el paso de procesar la información a través de tus sentidos. Hacemos esto constantemente y lo estás haciendo en este momento. Nosotros codificamos información tanto de manera consciente como inconsciente a través de todos nuestros sentidos. Si estás leyendo un libro, estás usando tus ojos para codificar información, pero ¿cuánta atención y concentración le estás dando realmente? Mientras más atención y concentración dediques a una actividad, más consciente se vuelve tu codificación; de otra manera, puede decirse que codificas información inconscientemente, como al escuchar música en un café o ver el tráfico pasar cerca mientras el semáforo está en rojo.

Muchas personas piensan erradamente que tienen una "mala memoria" cuando podría ser más preciso decir que es un asunto de atención. Tal persona podría olvidar el nombre de alguien que acaba de conocer, no porque posee una memoria defectuosa, sino porque simplemente no estaba prestando mucha atención cuando fueron presentados. Pero, sí recuerda con grandes detalles al adorable perro que guiaba a su dueño justo en ese momento.

El nivel de concentración y atención que dediques también determina lo sólido que es el recuerdo y, consecuentemente, si ese recuerdo solo llega a tu memoria de corto plazo o si pasa por la puerta hasta tu memoria de largo plazo. Si estás leyendo un libro mientras ves televisión, probablemente tu codificación no es tan profunda ni sólida. De manera similar, es más posible que recuerdes algo que tiene un fuerte sentido emocional para ti cuando se compara con algo que realmente no te importa más allá del nivel intelectual.

El almacenamiento es el paso luego de que has experimentado la información con tus sentidos y la codificaste. ¿Qué pasa con la información una vez que pasa a través de tus ojos u oídos? Existen tres opciones para donde puede ir esta información y determinan si es un recuerdo que sabes que existe de manera consciente. Existen esencialmente tres sistemas de memoria: memoria sensorial, memoria de corto plazo y memoria de largo plazo.

El último paso del proceso de memorizar es **la recuperación**, que es cuando de hecho usamos nuestros recuerdos y puede decirse que se ha aprendido algo. Podrías ser capaz de recordarlo de la nada, o podrías necesitar señales para recordarlo. Otros recuerdos podrían ser memorizados en una secuencia o como parte de un todo, como recitar el ABC y luego darte cuenta que debes cantarlo para recordar cómo va. Sin embargo, la cantidad de la atención que dedicaste a las fases de almacenamiento y codificación de memorización es lo que determina lo fácil que es recuperar esos recuerdos. La mayor parte del proceso de aprendizaje no se enfoca necesariamente en la recuperación, se concentra en el aspecto de almacenamiento y lo que puedes hacer para forzar la sensación de las áreas sensoriales y a corto plazo a las áreas a largo plazo.

Piensa sobre cuando estudias toda la noche para un examen. Quieres que la información esté en tu cerebro por unas 24 horas quizás, lo que significa que debe existir más allá de la memoria de corto plazo y desde luego más allá de la memoria sensorial. Podría no importarte si recuerdas esta información sobre la revolución francesa al final del año, así que alcanzarás un nivel de atención y concentración que almacene esa información en esa difusa área entre la memoria de corto plazo y la memoria de largo plazo. En realidad, lo que ocurre es que ensayarás la información lo suficiente para dejar una leve marca en tu memoria de largo plazo. Pero, luego de eso, la marca se desvanece muy rápidamente.

Acelerar tu aprendizaje, en cierto sentido, es lo mismo que mejorar tu capacidad de memoria y lo absorbente que es esta; mientras más sea como una esponja, mejor. También se trata de darte un control consciente sobre los pasos del proceso que normalmente se ejecutan de manera automática. Si sabes cómo y por qué tu memoria funciona, ¡puedes sacarle el mayor provecho!

Olvidar

Sin embargo, aprender es tanto un proceso de mejorar la memoria como uno de volverse mejor en *no olvidar*. ¿Por qué olvidamos? ¿Por qué no podemos recordar este hecho? ¿Cómo dejamos que algo se nos escape de nuestro cerebro?

Cómo has leído, olvidar es usualmente una falla o defecto en el proceso de almacenamiento; la información que quieres solo llega a la memoria de corto plazo, no a la memoria de largo plazo. El problema no es que no puedes encontrar la información en tu cerebro; es que la información no estaba fuertemente engastada para comenzar. Esto podría haber pasado parcialmente porque nunca consolidaste el recuerdo al evocarlo una y otra vez. Es decir, no fortaleciste esas conexiones neuronales tentativas y tu cerebro, al ver que no era un recuerdo realmente necesario, lo dejó ir.

Algunas veces es más fácil pensar en el proceso de olvidar como una falla en el aprendizaje. Generalmente existen tres maneras diferentes para recuperar o acceder a tus recuerdos:

1. Recordar
2. Reconocer
3. Reaprender

Recordar es cuando accedes a un recuerdo sin señales externas. Es cuando puedes recitar algo sin dudar en un vacío. Por ejemplo, ver a un pedazo de papel en blanco y luego escribir las capitales de todos los países del mundo. Cuando puedes recordar algo, tienes un recuerdo fuerte de ese algo. O lo has practicado lo suficiente o le diste la suficiente importancia por lo que se convirtió en un recuerdo increíblemente fuerte dentro de tu memoria de largo plazo. Vas al almacenamiento de tu cerebro, encuentras exactamente lo que estás buscando y lo reproduces totalmente.

Claro que, debido a que recordar representa el nivel más fuerte de la memoria, también es típicamente el más difícil de lograr. Generalmente requeriría horas de práctica o estudio para acercarse a este nivel. Sin embargo, una vez que adquirimos información de esta manera, el beneficio es que es mucho más difícil desaprender u olvidar. Cuando estudiamos, queremos que la información entre a este reino, pero usualmente nos conformamos con el siguiente tipo de recuperación de recuerdos.

Reconocer es cuando puedes conjurar tu recuerdo en presencia de una señal externa. Es cuando podrías no ser capaz de recordar algo sin pista alguna, pero si consigues una pequeña señal o recordatorio, lo recordarás. Por ejemplo, podrías no ser capaz de recordar todas las capitales del mundo, pero si consigues una pista como la primera letra de la capital o algo que rime con ella, sería mucho más fácil corroborarla. Esto "sacude tu memoria" lo suficiente para que sigas adelante una vez comienzas.

Cuando acumulamos información, el reconocimiento es típicamente lo que nos queda. Esta es también la manera en la que funciona la nemotecnia y otros recursos para recordar. Sabemos que definitivamente no somos capaces de almacenar y recordar tantas piezas de información sin una masiva cantidad de práctica, así que trabajamos en segmentar la información en señales fácilmente reconocibles. Con la señal correcta, somos dirigidos en la dirección correcta y podemos acceder gradualmente a los recuerdos almacenados de manera un poco menos concreta.

Reaprender es indudablemente la forma más débil de recordar. Ocurre cuando estás reaprendiendo o revisando información y te cuesta menos esfuerzo cada vez. Por ejemplo, si lees una lista de capitales de países el lunes y te toma 30 minutos, debería tomarte 15 minutos al siguiente día y así. Desafortunadamente, aquí es donde estamos principalmente a diario. Podríamos estar familiarizados con un concepto, pero no nos hemos comprometido lo suficiente a la memoria para esencialmente evitar reaprender al verlo nuevamente.

Esto es lo que pasa cuando somos nuevos en un tema o ya hemos olvidado la mayoría del mismo. Cuando estás en el nivel de reaprender, esencialmente no has llevado nada de la barrera de memoria de corto plazo a la memoria de largo plazo. Desde la perspectiva de tu cerebro, este tipo de información simplemente no es importante, relevante o repetida lo suficiente para asegurar más espacio en tu memoria.

La curva del olvido

No solo estamos luchando contra una débil codificación o almacenamiento en nuestra búsqueda por el aprendizaje, también estamos luchando con la tendencia natural del cerebro a olvidar lo más rápido posible.

Esto es encapsulado por la *curva del olvido*, un concepto establecido por el psicólogo Hermann Ebbinghaus. Debajo está una imagen de la curva del olvido, cortesía de Wranx.com.

Típica curva del olvido para información recién aprendida

Esto muestra el ritmo de declive en la memoria y olvido con el tiempo si no hay intento alguno por mover información hacia la memoria de largo plazo. Si lees algo sobre la revolución francesa el lunes, entonces típicamente recordarás solo la mitad luego de cuatro días y retendrás tan poco como un 30% luego de una semana. Si no revisas lo que aprendiste, es bastante probable que solo retengas un 10% de lo que aprendiste sobre la revolución francesa.

Sin embargo, si lo revisas y lo practicas, puedes ver en el gráfico de arriba cómo retendrás y memorizarás más con el tiempo. Elevarás tu nivel de retención de vuelta al 100% y luego el gráfico se volverá más superficial, indicando menos declive. Es como si le estuvieras enseñando a tu cerebro "esto es importante. Necesito saber esto constantemente así que recuérdalo".

La meta es hacer que la curva del olvido sea más superficial, hacer que parezca una línea horizontal tanto como sea posible. Eso indicaría un nivel muy bajo de declive y hacer eso requiere una revisión y práctica constantes.

Ebbinghaus encontró patrones de pérdida de memoria y aisló dos factores sencillos que afectaban la curva del olvido. Primero, el ritmo de declive era mitigado significativamente si el recuerdo era sólido y poderoso y si tenía un significado personal para la persona. Segundo, la cantidad de tiempo y lo antiguo que era el recuerdo determinaba lo rápido y grave que era su declive. Esto sugiere que hay muy poco por hacer sobre el olvido más allá de idear tácticas para asignarle un significado personal a la información y practicarla más a menudo.

Como puedes ver, olvidar no es tan sencillo como tener algo en la punta de la lengua o rebuscar en el almacenamiento de tu cerebro. Existen procesos muy específicos que hacen que sea casi un milagro que retengamos tanta información como lo hacemos. Probablemente también te estés dando cuenta que mejorar tu memoria se trata tanto de una buena codificación y atención, como de una práctica y recuerdo apropiados.

Ser capaz de recordar información es siempre la meta, pero de manera más realista, deberíamos aspirar por el reconocimiento y aprender cómo usar con destreza señales y pistas en nuestras vidas diarias. Yo podría no ser capaz de recitar la letra de mis canciones favoritas, pero puedo recordarlas bien si escucho la melodía. Si me vuelvo experto al manejar señales para mí mismo, puedo encontrarles la vuelta a los inevitables límites de mi memoria.

El ciclo de estudio

Otra manera de trabajar con tu cerebro y los mecanismos incorporados de la memoria es usar algo llamado el ciclo de estudio. En lugar de una sola técnica, este enfoque se trata de usar una serie de técnicas en un orden en particular, por una duración en particular, para maximizar el aprendizaje. De hecho, los principios detrás del ciclo de estudio podrían explicar por qué las tácticas como la recuperación de práctica y la repetición espaciada funcionan tan bien.

El ciclo consiste en cinco pasos secuenciales a seguir. Te ayudará a consolidar el material nuevo y, a medida que lo haces, construirás un sentido de confianza en ti mismo más profundo a medida que ganas nuevos conocimientos y construyes sobre cada nuevo desenvolvimiento. El ciclo también es genial para mantenerte organizado y motivado. A menudo, cuando nos sentamos a "estudiar" simplemente, la intención es tan vaga que solo perdemos tiempo y una oportunidad de aprender realmente bien. Pero, con un ciclo estructurado y fluido, sabemos dónde estamos y podemos aplicar los pasos a cualquier cursado que queramos.

Los pasos son, anticipar, atender, revisar, estudiar y evaluar... y luego el ciclo se repite.

El primer paso es **anticipar.** No solo te metas de lleno; en lugar de eso, comienza al tratar de obtener una visión más amplia de lo que estás haciendo, en qué contexto y por qué. Mira la imagen completa. Cómo se vea esto dependerá de ti y del tema que estés estudiando.

Por ejemplo, si estás leyendo un capítulo importante de un texto, podrías tener que comenzar por echar una ojeada; es decir, leer los títulos y subtítulos principales, escanear cualquier imagen o diagrama con sus títulos, mirar cualquier resumen al final, datos como gráficos y tablas, y secciones en negrita o sacar citas que han sido resaltadas como importantes. De esta manera, preparas y señalas tu aprendizaje.

Si tus estudios están tomando una forma menos tradicional, igual podrías querer comenzar por pasar el material rápidamente para obtener una visión general. Mira una pieza de música y nota el compás, el tempo, la clave, y obtén una idea de la melodía. Si estás pasando por unos artículos de investigación académicos, busca lo abstracto primero y mira ampliamente cuáles eran las preguntas de la investigación, metodología y conclusiones en cada capítulo antes de leer en detalle.

El siguiente paso es **atender**, es decir, prestar atención. Crucialmente, la sección de anticipar te ayuda a dirigir hacia *dónde* se va tu atención (eso es, hacia los conceptos más importantes), pero en el segundo paso, debes aplicar esa atención completamente. Aquí, quieres estar lo más concentrado y consciente posible. No solo te sientes en una conferencia de manera pasiva o mires un video sin tomar notas.

Lee o mira de manera *activa*. Esto significa que participas con los datos que están entrando. Toma notas, haz preguntas (quién, qué, dónde, cuándo, por qué, cómo) y sostén un "dialogo" con el material. Realiza resúmenes o diagramas y usa tantos sentidos como puedas para codificar esta nueva información. Cuando generas tu propio estudio, ayudas y explicas los conceptos para ti mismo, comprenderás mejor y retendrás más.

Para el tercer paso, **revisamos**. Así como hemos anticipado, ahora vemos nuevamente y observamos lo que hemos abarcado y qué materiales han sido absorbidos. El simple acto de repasar lo que has abarcado lo refuerza. Al final de tu sesión de estudio, detente y haz una evaluación. Mira nuevamente a través de tus notas y resúmenes y quizás puedas responder algunas preguntas que tenías al inicio de la sesión.

En esencia estás echando una ojeada nuevamente, pero esta vez, en lugar de ver la imagen completa de lo que vas a aprender, haces una encuesta rápida de lo que has aprendido. Analiza un par de conceptos nuevos, repasa los temas principales y simplemente toma un momento para dejar que todo decante. Si practicas la recuperación justo después de aprender datos nuevos, estás enseñado a tu cerebro no solo a archivar información importante, sino a consolidar un camino a través del cual puedes buscar y recuperar esa información luego.

El cuarto paso es **estudiar**. El material está allí, ahora tienes que asegurarte de que esté echando raíces en tu cerebro, permanentemente. ¿La clave de esto? Repetición. Por unos 30 a 50 minutos, repasa conceptos, definiciones, problemas o ideas, reforzando tu entendimiento. Presta atención a las partes que son más difíciles para ti, pero recuerda seguir viendo cada unidad en relación al todo. Aquí, puedes utilizar todos los pasos anteriores para sentarte con el material y codificarlo en tu cerebro.

El último paso es **evaluar**. Aquí, quieres revisar lo bien que va el proceso. Revisa cuánto has retenido, pero también pregúntate lo bien que están funcionando tus técnicas de estudio. Haz algunas pruebas o resuelve algunos problemas y evalúa tu desempeño y memoria. Basado en el resultado, ajusta tu enfoque la próxima vez.

Sabrás que probablemente has absorbido el material cuando seas capaz de enseñar con confianza los conceptos a otra persona, y sentir que comprendes lo suficiente para reproducirlos o salir bien en una prueba. Por otro lado, podrías hacerlo bien con el material, pero deseas cambiar el enfoque de estudio, por ejemplo, más o menos tiempo en ciertos pasos, o usar diferentes técnicas de lectura activa.

Cuando termines, ¡comienza de nuevo con el paso uno!

Práctica de recuperación

Entonces, ¿cómo podemos usar este conocimiento sobre nuestra memoria para aprender de manera más efectiva? Existe una gran técnica que aplica la naturaleza variable de la memoria: *práctica de recuperación*.

Nosotros típicamente consideramos aprender algo que absorbemos, algo que *entra* en nuestro cerebro: el profesor o libro de texto suelta hechos, datos, ecuaciones y palabras para nosotros, y nosotros simplemente estamos allí recolectando eso.

Es una simple acumulación, un acto muy *pasivo*.

Este tipo de relación con el aprendizaje devuelve conocimiento que no retenemos por mucho porque, a pesar de que *lo entendemos*, no hacemos *mucho* con él. Para mejores resultados, tenemos que hacer que el aprendizaje sea una operación *activa*.

Es ahí donde entra en juego la práctica de recuperación. En lugar de poner más cosas *en* nuestros cerebros, la práctica de recuperación nos ayuda a tomar el conocimiento *fuera* de nuestros cerebros y ponerlo en uso. Ese cambio aparentemente pequeño en la manera de pensar mejora dramáticamente nuestra oportunidad de retener y recordar lo que aprendemos. Todo el mundo recuerda tarjetas de los días de niñez. La parte frontal de las tarjetas tenían ecuaciones, palabras, términos científicos o imágenes y la parte de atrás tenía la "respuesta"; la solución, definición, explicación o cualquiera que fuese la respuesta que se esperaba del estudiante.

La idea de las tarjetas nace de una estrategia llamada *práctica de recuperación*.

Este enfoque no es ni nuevo ni muy complicado: es simplemente recordar información que ya has aprendido (la parte de atrás de la tarjeta) cuando aparezca cierta imagen o representación (la parte frontal).

La práctica de recuperación es una de las mejores maneras para incrementar tu memoria y la retención de hechos. Pero, incluso cuando su fundamento es bastante sencillo, en sí la práctica de recuperación no es tan directa como practicar con las tarjetas o escanear las notas que has tomado. En lugar de eso, la práctica de recuperación es una habilidad activa: esforzarse realmente, pensar y procesar para finalmente llegar al punto de recuperar la información sin pistas; mucho de lo que ya hemos discutido en este libro que acelera el aprendizaje.

Pooja Agarwal estudió a pupilos tomando clases de estudios sociales en secundaria durante un año y la segunda mitad del 2011. El estudio buscaba determinar cómo innumerables cuestionarios, regularmente programados (básicamente ejercicios de práctica de recuperación), beneficiaron la habilidad para aprender y retener.

El profesor de la clase no alteró su plan de estudio y simplemente dio la instrucción usual. A los estudiantes se les otorgó cuestionarios usuales, desarrollados por el equipo de investigación, sobre el material de la clase con el entendimiento de que los resultados *no* afectarían sus notas.

Estos cuestionarios solo incluyeron alrededor de un tercio del material abarcado por el profesor, quién además abandonó el aula mientras los estudiantes tomaban el cuestionario. Esto para que el profesor no tuviese conocimiento de los temas que abarcaban los cuestionarios. Durante la clase, el profesor enseñó y revisó la clase como de costumbre, sin saber qué partes de la instrucción fueron preguntadas en los cuestionarios.

Los resultados de este estudio fueron medidos durante los exámenes finales de unidad y fueron bastante dramáticos. Los estudiantes lograron una nota total más alta sobre el material que cubrieron los cuestionarios (el tercio de lo que toda clase abarcaba) que las preguntas que *no* se realizaron en los cuestionarios sin riesgos. El simple acto de estar a prueba ocasionalmente, sin presión para obtener las respuestas correctas para impulsar sus notas en general de hecho ayudó a los estudiantes a aprender mejor.

El estudio de Agarwal también proporcionó un conocimiento sobre qué tipos de preguntas ayudaron más. Las preguntas que requerían que los estudiantes de hecho recordaran la información desde cero generó más éxito que las preguntas de selección múltiple, en las cuales la respuesta podía ser reconocida a partir de una lista o preguntas de verdadero y falso. El esfuerzo mental activo para recordar la respuesta, sin señal verbal o visual, mejoró el aprendizaje y la retención de los estudiantes.

Uso de la práctica de recuperación en nuestras vidas

El beneficio principal de la práctica de recuperación es que fomenta un esfuerzo *activo* en lugar de una filtración pasiva de información externa. Cuando aprendemos algo y luego *hacemos* algo más para reforzar nuestro aprendizaje, tiene un mayor efecto que revisar notas o releer pasajes de libros.

El conocimiento que almacenamos en nuestra memoria es activado cuando es llamado. La práctica de recuperación estimula ese movimiento y hace que sea más fácil aprender y retener nuevos entendimientos. Si *sacamos* conceptos de nuestro cerebro, es más efectivo que tratar continuamente de *insertar* conceptos. El aprendizaje proviene de tomar lo que ha sido añadido a nuestro conocimiento y sacarlo en algún momento luego.

Mencionamos las tarjetas al inicio de esta sección y cómo descienden de la práctica de recuperación. Pero, las tarjetas no son en sí la estrategia: *puedes* usarlas y aun así realizar la verdadera práctica de recuperación.

Muchos estudiantes usan inactivamente tarjetas de alguna manera: ven la señal, responden en su cabeza, se dicen a sí mismos que saben la respuesta, voltean la tarjeta para ver que están en lo correcto y siguen con la siguiente. Sin embargo, convertir esto en una *práctica* sería tomar algunos segundos para realmente recordar la respuesta y, en el mejor de los casos, decir la respuesta en voz alta antes de voltear la tarjeta. La diferencia parece leve y sutil, pero es importante. Los estudiantes obtendrán mayor ventaja de las tarjetas al recuperar y vocalizar la respuesta antes de seguir.

En situaciones del mundo real, donde usualmente no hay un profesor externo, tarjetas ya hechas u otra asistencia, ¿cómo podemos readaptar lo que aprendemos a la práctica de recuperación? Una buena manera es expandir las tarjetas para hacerlas más "interactivas".

Las tarjetas en nuestras experiencias en la escuela primaria, en gran parte, eran notas únicas. Puedes adaptar la metodología de las tarjetas para aplicaciones más complejas del mundo real o autoaprendizaje al tomar un nuevo enfoque en torno a lo que está en la parte de atrás de las tarjetas, como lo sugiere la escritora Rachel Adragna.

Cuando estudies material de trabajo o una clase, haz las tarjetas con conceptos en el frente y definiciones en la parte de atrás. Luego de completar esta tarea, haz otro conjunto de tarjetas que den "instrucciones" sobre cómo reprocesar el concepto para una situación creativa o de vida real. Aquí tienes un ejemplo:

- "Reescribe este concepto en español".

- "Escribe la trama de una película o novela que demuestre este concepto".

- "Usa este concepto para describir un evento de la vida real".

- "Describe lo *opuesto* de este concepto".

- "Dibuja una imagen de este concepto".

Las posibilidades son, como dicen, ilimitadas de acuerdo a cómo busques la recuperación. Usar estos ejercicios extrae más información sobre el concepto que tú mismo produces. Colocarlos en el contexto de una narrativa o expresión creativa te ayudará a entenderlos cuando surjan en la vida real. Nuestros recuerdos son volubles, les gusta jugar trucos sobre nosotros, pero pueden ser moldeados para nuestra ventaja al aprender más rápidamente.

Repetición espaciada

Este método busca directamente tratar con superar el olvido. La repetición espaciada, también conocida como práctica distribuida, es exactamente como suena.

La razón por la que es una técnica tan importante para mejorar tu memoria es que batalla directamente contra el olvido y te permite trabajar dentro de los límites de las capacidades de tu cerebro. Otras técnicas, no menos importantes, se tratan de incrementar la codificación o almacenamiento; recuerda que las tres partes de la memoria son codificar, almacenamiento y recuperación. La repetición espaciada ayuda con la última parte, la de recuperación.

Para poder aprender de memoria y retener mejor la información, desconecta tu práctica y exposición de la memoria por un período tan largo como sea posible. En otras palabras, recordarás algo mucho mejor si los estudias por una hora al día en lugar de veinte horas un fin de semana. Esto aplica para posiblemente todo lo que puedas aprender. Un estudio adicional ha demostrado que ver algo veinte veces en un día es mucho menos efectivo que ver algo diez veces a lo largo de siete días.

La repetición espaciada tiene más sentido si imaginas tu cerebro como un músculo. Los músculos no pueden ser ejercitados todo el tiempo y luego puestos a trabajar con nada o casi nada de recuperación. Tu cerebro necesita tiempo para hacer conexiones entre conceptos, crear memoria muscular y familiarizarte con algo. El sueño ha demostrado ser donde son hechas las conexiones neuronales, y no es algo solo mental. Las conexiones sinápticas son formadas en tu cerebro y las dendritas son estimuladas.

Si un atleta se ejercita demasiado en una sesión, como podrías ser tentado a hacer al estudiar, pasará una de dos cosas. El atleta estará muy cansado y la segunda mitad del entrenamiento será inútil, o el atleta sufrirá una lesión. El descanso y la recuperación son necesarios para la tarea de aprender, y algunas veces el esfuerzo no es lo que se requiere.

Aquí tienes un vistazo de cómo podría verse un cronograma de repetición espaciada.

Lunes a las 10 am. Aprender hechos iniciales sobre la historia inglesa. Acumulas cinco páginas de notas.

Lunes a las 8 pm. Revisas las notas sobre la historia inglesa, pero no solo las revisas de manera pasiva. Asegúrate de tratar de recordar toda la información desde tu propia memoria. La recuperación es una mejor manera de procesar información en lugar de simplemente releer y revisar. Esto podría tomar solo veinte minutos.

Martes a las 10 am. Trata de recordar la información sin mirar mucho las notas. Luego de tu primer intento para recordar de manera activa tanto como fuese posible, regresa a través de tus notas para ver lo que obviaste, y toma nota de lo que sea a lo que debas prestarle más atención. Esto probablemente tome solo quince minutos.

Martes a las 8 pm. Revisa las notas. Esto tomará diez minutos.

Miércoles a las 4 pm. Trata nuevamente de recordar de manera independiente la información y solo mira las notas una vez que termines para ver qué más has obviado. Esto tomará solo diez minutos. Asegúrate de no saltar ningún paso.

Jueves a las 6 pm. Revisa las notas. Esto tomará diez minutos.

Viernes a las 10 am. Sesión de recuperación activa. Esto tomará diez minutos.

Al mirar este cronograma, nota que solo estás estudiando 75 minutos adicionales a lo largo de la semana, pero increíblemente has logrado pasar por toda la lección 6 veces adicionales. No solo eso, probablemente te has aprendido casi todo de memoria porque estás usando una recuperación activa en lugar de una revisión pasiva de tus notas.

Estás listo para una prueba el siguiente lunes. De hecho, estás listo para una prueba para el viernes en la tarde. La repetición espaciada le da a tu cerebro tiempo para procesar conceptos y hacer sus propias conexiones y saltos debido a la repetición.

Piensa sobre lo que pasa cuando tienes una exposición repetida a un concepto. Para el primer par de exposiciones, podrías no ver nada nuevo. A medida que te familiarizas más con él y dejas de seguir la corriente, comienzas a examinarlo a un nivel más profundo y a pensar sobre el contexto que lo rodea. Lo relacionas con otros conceptos o información y generalmente haces que tenga sentido debajo del nivel superficial.

Claro que, todo está diseñado para empujar la información de tu memoria de corto plazo a tu memoria de largo plazo. Es por eso que la acumulación de información o estudiar a último minuto no es un medio efectivo de aprendizaje. Muy poco tiende a llegar a la memoria de largo plazo debido a la falta de repetición y un análisis profundo. En este punto, se vuelve memorización por repetición en lugar del aprendizaje de conceptos que discutimos antes, lo cual está destinado a desvanecerse más rápidamente.

Cuando te enfocas en aprender algo, en lugar de medir el número de horas que dedicas en algo, trata de medir el número de veces que repasas la misma información luego del aprendizaje inicial. Haz que tu meta sea incrementar la frecuencia de revisión, no necesariamente la duración. Ambas cosas importan, pero la literatura de la repetición espaciada o práctica distribuida hace evidente que es necesario un espacio para respirar.

Es cierto que este tipo de aprendizaje óptimo toma más tiempo y planificación de lo que la mayoría de nosotros estamos acostumbrados. Sin embargo, si te encuentras con falta de tiempo aun así puedes usarlo estratégicamente.

Para estudiar para una prueba, examen u otro tipo de evaluación no necesitamos que el material llegue a nuestra memoria de largo plazo. Solo necesitamos que pase levemente más allá de nuestra memoria funcional y que sea parcialmente codificada en nuestra memoria de largo plazo. No necesitamos ser capaces de recordar algo al día siguiente, así que es como si solo necesitamos que algo esté allí por unas horas.

Podrías no ser capaz de lograr una verdadera repetición espaciada si estás estudiando a último minuto, pero puedes estimularla levemente. En lugar de estudiar X tema por tres horas solo en la noche, busca estudiarlo una hora, tres veces al día con un par de horas entre cada exposición.

Recuerda que los recuerdos necesitan tiempo para ser codificados y plantados en tu cerebro. Estás haciendo la mejor imitación de repetición espaciada que puedes con lo que tienes disponible. Para sacarle el mayor provecho a tu limitando tiempo de estudio, estudia algo, por ejemplo, tan pronto despiertes y luego revísalo en la tarde, a las 4 pm y 9 pm. El punto es hacer revisiones a lo largo del día y conseguir el mayor número de repeticiones posibles. Recuerda enfocarte en la frecuencia en lugar de la duración.

Durante el curso de tu repetición, asegúrate de estudiar tus notas sin orden para verlas en contextos diferentes y codificarlas de manera más efectiva. Además, usa la recuperación activa en lugar de la lectura pasiva. No temas incluso intercalar material no relacionado para cosechar los beneficios de la práctica intercalada. Asegúrate de enfocarte en los conceptos subyacentes que gobiernan la información que estás aprendiendo para que puedas hacer suposiciones educadas sobre lo que no recuerdas.

Asegúrate de que estás recitando y practicando información nueva hasta el último minuto antes de tu prueba. Tu memoria de corto plazo puede sostener siete artículos en su mejor día, así que podrías simplemente salvarte con una pieza de información que nunca iba a entrar en tu memoria de largo plazo. Es como hacer malabares. Es inevitable que se te caiga todo, pero casualmente estás haciendo malabares con algo que puedes usar. Haz uso de todos los tipos de recuerdos que puedas emplear conscientemente.

La repetición espaciada, como puedes ver, se acerca al aprendizaje con una perspectiva diferente al practicar la recuperación y tener la frecuencia como objetivo en lugar de la duración para mejorar la memoria. Incluso en situaciones donde no tienes tanto tiempo como quisieras, puedes usar la repetición espaciada para estudiar para pruebas y en general para introducir más información en tu cerebro; nuevamente, al tener que concentrarte en la frecuencia y no en la duración. Cuando esparzas tu aprendizaje y memorización a lo largo de un mayor período de tiempo y repases el mismo material frecuentemente, estarás mejor.

Enseñanzas

- El aprendizaje depende de la memoria, y la memoria es en cambio una interacción entre dos procesos: almacenamiento y recuperación de información. Existen tres pasos principales: codificar, almacenar y recuperar.

- Lo bien que **codifiquemos** material (lo bien que lo solidifiquemos en nuestras mentes) depende del grado de atención e intensidad de atención que prestemos, así como de los sentidos a través de los cuales nos encontramos con el material y nuestras emociones asociadas.

- Cuando **almacenamos** recuerdos, lo hacemos como parte de la memoria transitoria sensorial, memoria de corto plazo o memoria de largo plazo.

- La **recuperación** es cuando regresamos a los recuerdos almacenados y los sacamos nuevamente, sea con una señal o secuencia útil, o ninguna de las dos. Podemos recuperar información de varias formas: recordarla directamente (sin señales, es obviamente lo que se prefiere), por reconocimiento (recordar algo luego de una pista o señal) y reaprendiendo, (que es el método menos efectivo y menos duradero).

- Olvidar es una situación normal y ocurre con una "línea del olvido". Sin embargo, cada vez que practicamos refrescamos esta memoria, y los rasgos subsecuentes del olvido van pasando a una curva menos empinada. La meta es practicar hasta que la curva eventualmente se aplane, y el ritmo de declive se ralentice lo suficiente para que digas: "he aprendido esto permanentemente".

- El ciclo de estudio es un proceso a seguir para maximizar tu proceso de aprendizaje dada la manera en que funciona la memoria. Los pasos son: anticipar, atender, revisar, estudiar y evaluar, y luego inicia nuevamente el ciclo. En una sesión de estudio, lo mejor es fluir a través de cada paso de manera consciente, estableciendo el contexto, prestando atención y luego tomando el tiempo para evaluar lo bien que estuvo el proceso.

- La práctica de recuperación es el arte de practicar lo que solidifica más los recuerdos, recuperándolos. Es un proceso activo e inculca firmemente los recuerdos.

- La repetición espaciada tiene mayor efecto para la práctica de recuperación y para combatir el olvido. La práctica deliberada también puede ayudarte a controlar lo que estás practicando y cómo esto puede mejorar tu aprendizaje y conocimiento con el tiempo.

Capítulo 3. Técnicas para el aprendizaje activo

Independientemente de que tus días de escuela estén más que terminados o puedas todavía recordar esas aburridas clases como si fuese ayer, probablemente puedas pensar en un par de técnicas de enseñanza que tus profesores te impusieron con mayor o menor éxito. Muchos de nosotros nos embarcamos en cualquier nuevo esfuerzo de estudio al regresar a estas viejas tácticas sin pensar sobre si funcionan para nosotros, o si realmente alguna vez funcionaron para nuestros profesores. Podríamos asumir que los acercamientos más convencionales son los que deben usarse, pero ¿realmente son lo mejor?

El investigador John Dunlosky y sus asociados llevaron a cabo una extensa revisión de las técnicas y modelos relacionados con el aprendizaje en el 2013. Examinaron 10 métodos diferentes, escogidos porque eran "relativamente fáciles de usar y por ende podían ser adoptados por muchos estudiantes". Probablemente las reconocerás todas como técnicas que has tratado en el pasado con niveles de éxito variantes.

El equipo de Dunlosky clasificó cada técnica de acuerdo a lo adecuada que era para la meta del aprendizaje y la retención. Como era de esperarse, los cinco modelos que el equipo determinó que eran *inadecuados* para el aprendizaje eran, sin dudas, los más comúnmente usados y reconocidos:

Recapitulación: en este modelo, a los estudiantes se les pide que escriban sus propios resúmenes del texto a ser aprendido. El punto de la recapitulación es "identificar los puntos principales de un texto y capturar la esencia del mismo mientras excluyen el material que no es importante o repetitivo". El equipo de Dunlosky aseguró que la recapitulación es una habilidad que solo funciona si el estudiante ya está entrenado sobre cómo usarla.

Para la mayoría de los estudiantes *sin* ese entrenamiento, la técnica no podría ser ejecutada y no sería efectiva. En otras palabras, la recapitulación podría ser efectiva, y en teoría lo es, pero probablemente la estés aplicando mal. En este caso, aplicarla mal solo hace que pierdas tu tiempo y energía y podría incluso darte un falso sentido de entendimiento y progresión.

Resaltar: esta técnica universalmente popular de toda la vida consiste simplemente en marcar el texto pertinente con un marcador de color brillante o subrayar dicho texto. Los investigadores descubrieron que resaltar texto podría ayudar si los estudiantes estaban usando un texto extraordinariamente difícil, pero en general, vieron el resaltado como una detracción del aprendizaje y no ayuda a los estudiantes a llevarse un significado adicional o una inferencia del material de estudio. Si te inclinas fuertemente por el resaltado, quizás es hora de que dejes de usarlo como muleta y aprendas a leer de manera más activa.

Nemotecnia: un método prácticamente antiguo, la nemotecnia es la invocación de las imágenes, canciones, frases o acrónimos clave para recordar hechos o información ya aprendida. Por ejemplo, usar la frase "Hoy Suena Espléndida Mi Orquesta" para identificar los cinco Grandes Lagos (Hurón, Superior, Erie, Míchigan, Ontario) o usar imágenes de objetos aprendiendo un idioma extranjero.

Parece tener muchísimo sentido, y la nemotecnia puede ser usada con éxito en áreas limitadas. Pero, los investigadores encontraron que, aunque parece ayudarnos a acceder rápidamente a la memoria de palabras clave, el potencial de lograr un "aprendizaje duradero" con la nemotecnia es bastante bajo. Esto podría estar conectado con lo que discutimos de las relaciones entre la memorización por repetición y el aprendizaje de conceptos; mientras la nemotecnia fomente solo el aprendizaje superficial, no puede competir con un entendimiento y comprensión profundos.

Uso de imágenes para el aprendizaje de texto: un uso más abstracto de la invocación mental que la nemotecnia, este método impulsa a los estudiantes a evocar una imagen, mentalmente o sobre papel, para representar un párrafo o bloques de texto que leen. Esencialmente se le pide al cerebro que reclute más sentidos y codifique datos en más de una manera, conectando ideas.

Los investigadores descubrieron que el uso de las imágenes es "prometedor", aunque se necesitaba un mayor estudio sobre el tema. En general, determinaron que los beneficios de las imágenes estaban limitados a las pruebas de memoria y el texto que ya se había prestado para la creación de la imagen o recuerdo. Como con otras técnicas discutidas aquí, a menudo se reduce a si sabes lo que estás haciendo o no.

Releer: el equipo de Dunlosky descubrió que, aunque releer y revisar el texto era extremadamente común y fácil de ejecutar, era solo ligeramente efectivo y solo principalmente cuando la actividad estaba separada de la lectura previa. También sostuvieron que no había una evidencia convincente de que releer tuviese algún efecto sobre el conocimiento o habilidades de los estudiantes o sobre la compresión profunda del tema.

¿Alguna vez has leído algo de una manera completamente pasiva, con tus ojos siguiendo el texto sin que realmente te quede algo? Leer puede ser visto como algo obvio de hacer, pero podría significar casi nada cuando consideras lo fácil que es leer sin una conexión genuina y profunda con los conceptos en la página que tienes frente a ti.

Aunque estas cinco técnicas sí poseían ciertas ventajas, sea su facilidad de uso o su efectividad cuando los estudiantes sabían cómo usarlas *apropiadamente*, Dunlosky descubrió que su eficacia al retener un entendimiento profundo, exhaustividad, y aplicabilidad eran de alguna manera algo muy estrecho y frecuentemente sujeto a ciertas condiciones. Tenían algo de valor a nivel superficial o de memorización, pero mucho menos valor en comprensión.

Técnica	Utilidad

Interrogación elaborativa	Moderada
Autoexplicación	Moderada
Recapitulación	Baja
Resaltado	Baja
Nemotecnia de palabras claves	Baja
Uso de imágenes para aprender texto	Baja
Relectura	Alta
Prueba práctica	Alta
Práctica distribuida	Alta
Práctica intercalada	Moderada

Arriba están los resultados del estudio de Dunlosky. Aunque muchos métodos han sido desacreditados como inefectivos, hubo una evidencia concreta para la eficacia de otros métodos. Como se esperaba, la diferencia entre los dos grupos era la cantidad de procesamiento *activo* involucrado. En este punto del libro, esto no debería sorprendernos.

Cinco técnicas *efectivas*

Las otras cinco estrategias que abarcó el equipo de Dunlosky fueron consideradas las mejores para el aprendizaje y la retención:

- Prueba práctica

- Práctica distribuida
- Interrogación elaborativa
- Autoexplicación
- Práctica intercalada

Ya hemos discutido la *prueba práctica*, también conocida como práctica de recuperación, en el capítulo 2. Eso es cuando estás mirando una pieza de papel en blanco y se te pide que generes información sin ninguna señal o pista adicional. La *práctica distribuida*, también conocida como repetición espaciada, también fue abarcada allí, ambas como una extensión de cómo funciona nuestra memoria.

En esta sección, discutiremos las técnicas restantes y, lo más importante, cómo puedes comenzar a usarlas en tus propias sesiones de estudio.

Interrogación elaborativa

Muchos pensadores prominentes han expresado un sentimiento común a través de los años: si no puedes explicar fácilmente una idea a un niño de cinco años, entonces no entiendes realmente el concepto. Un artículo del 2014 en el semanario *Memory and Cognition* (memoria y cognición) por Nestojko y otros, explicaba cómo "esperar aprender" mejoraba la habilidad de una persona para retener y organizar información nueva. Tratar de explicar lo que has aprendido a una audiencia real o imaginada es útil, pero podría realmente ser la anticipación de tener que enseñar en el futuro lo que fuerza tu cerebro a adoptar un estado de consciencia particularmente receptivo y enfocado.

El estudio de los investigadores fue sencillo: a los estudiantes se les pidió que aprendieran un pasaje para poder completar una prueba que luego obtuvo resultados peores que los de los estudiantes a los que se les pidió que aprendieran el mismo pasaje con la intención de enseñarlo a alguien más. El segundo grupo de estudiantes pudo recordar mejor los puntos y detalles clave, y la información que retuvieron estaba mejor organizada.

El truco podría estar en adoptar una posición más activa en cuanto a lo que estás recibiendo. ¿Cuántas veces has leído un párrafo, con los ojos ausentes, escaneando el texto en la página, pero sin pensar realmente lo que significa? Esperar enseñar podría preparar tu mente y ponerte a leer de manera más activa, buscando puntos clave y señales de información importantes. A medida que lees, tu cerebro ya está armando activamente un mini-currículo en tu mente.

Existen variaciones de este principio. La "interrogación elaborativa" es el acto de hacer una explicación extensa sobre por qué cierto hecho es el caso. Investigada por el psicólogo educador Michael Pressley y colegas desde mediados de los 90, esta técnica es bastante prometedora como una manera de aprender detalles y hechos; incluso los más confusos. En lugar de simplemente aprender lo que es verdadero, te obligas a explicar las razones por las que es verdadero. Al bajarle la velocidad y pedirle a tu cerebro que entienda realmente, superas la necesidad de memorizar por repetición y retienes el concepto en un nivel más profundo.

Lo más importante, esto no solo significa acceder y memorizar a una explicación, sino crear una por ti mismo; es el *proceso* lo que permite un mejor entendimiento. Lo que es genial de esto es que mientras más conocimiento previo tengas, mejor funciona el método, porque tienes una base mental más firme sobre la cual construir cuando aprendes algo nuevo.

Esta técnica podría conllevar nada más complicado que preguntar regularmente "¿por qué". Algunas veces pensamos que entendemos algo, pero cuando se nos pide que hagamos un resumen claramente (literalmente hablando en voz alta, si es posible), revelamos para nosotros mismos las brechas en nuestro conocimiento. Si entiendes algo bien explica cómo llegaste a tu respuesta, o piensa sobre cómo podrías resumir el proceso para un compañero estudiante. Al entender los pasos y el método, te das a ti mismo una mejor oportunidad para repetirlos en el futuro cuando resulvas un problema similar.

La autoexplicación es una técnica relacionada y también depende del mayor recurso que tienes disponible: las cosas que ya sabes. La autoexplicación usa el conocimiento previo para explicar y entender conocimiento nuevo. En lugar de abordar cualquier información nueva desde cero, trata de anclarla y contextualizarla a lo que sea que ya entiendes.

Muchos de nosotros practicamos la técnica sin siquiera saberlo, pero algunas veces es algo a lo que ciertamente podemos sacarle provecho. La efectividad de este método depende fuertemente del contexto y el grado de tu conocimiento previo. Se combina mejor con otras técnicas y enfoques.

Una manera sencilla de impulsar el nuevo conocimiento usando viejo conocimiento es usando analogías. Si eres un cocinero experto tratando de aprender una complicada técnica de laboratorio, podrías sacar el paralelismo entre ambas cosas al imaginar el proceso de laboratorio como una "receta".

Incluso crear un resumen puede decirse que saca algo de este mismo enfoque para aprender, siempre y cuando estés creando el resumen en un espíritu de extraer la esencia de un concepto para compartirlo con alguien más, es decir, enseñarle. Algunas personas encuentran enormemente útil imaginar que se están enseñando a ellos mismos mientras aprenden. Esto puede ser combinado con las preguntas o una toma de notas creativa.

Una persona que aprende una nueva pieza musical en un instrumento podría darse cuenta que le está costando en una sección en particular. Le baja la velocidad, la desglosa y la mira más de cerca. Se imagina a sí mismo explicándole a otros *por qué* esta pieza es tan difícil. Al elaborar de esta manera, entiende lo que debe ser aprendido; un nuevo patrón de rasgueo, una posición diferente de las manos, etc.

La persona podría entonces enseñarse a sí misma mentalmente mientras hace esto: *"vaya, eso no parece funcionar tan bien... ¿por qué será? Mira la posición de tu cuarto dedo. Ya sabes que en la pieza anterior que aprendiste el cuarto dedo algunas veces puede ser un problema con esta técnica... Ok... siéntate derecho e inténtalo de nuevo, respira profundamente y saca el cuarto dedo en el tercer conteo, así..."* Puede hacer un ensayo y error con un enfoque diferente, participando y respondiendo de manera dinámica a su propio aprendizaje, en lugar de repetir sin pensar los mismos patrones una y otra vez sin llegar a ningún lado.

Otra manera de mejorar tus autoexplicaciones es usando ejemplos concretos mientras tratas de aprender. Volvamos a la discusión de éticas que usamos en el capítulo anterior mientras aprendíamos a tomar notas de manera efectiva. Podemos usar el clásico ejemplo de dividir un pastel entre tres niños para ilustrar los principios que hemos aprendido. El deontólogo dividiría el pastel en base a algunas reglas preconcebidas como "todos tendrán partes iguales". Sin embargo, el utilitario diría que deberíamos dividir el pastel maximizando la felicidad total derivada de la división. Por lo que si un niño está hambriento mientras otro está lleno, el primero tendría más que el segundo.

Este es solo un ejemplo, pero puedes utilizar diferentes ejemplos para ayudar a explicarte a ti mismo ideas diferentes. Si puedes, discute tus ejemplos con otros para conseguir opiniones o críticas constructivas. Alternativamente, si tienes acceso a un profesor, verifica tus ejemplos con él o ella para asegurarte de que has implementado los principios que deben expresar los ejemplos.

Un estudio reciente en la Universidad de Waterloo encontró que la acción doble de hablar y escucharte a ti mismo te ayuda a retener información mucho mejor que leyendo o escribiendo en silencio. Esto debido a que decir cosas en voz alta tiene un mayor impacto en tu memoria de largo plazo. Podrías sentir inicialmente que es un poco raro hablar contigo mismo, pero eso es solo un inconveniente minúsculo de una técnica infinitamente útil. El siguiente método de leer en voz alta sin lugar a dudas probará ser beneficioso en tus esfuerzos por aprender:

1) Mientras lees tus notas o material del tema, subraya cualquier concepto clave que consideres importante.
2) Una vez que termines de hacerlo con todas tus notas, regresa a todo lo que subrayaste y lee cada concepto en voz alta y lentamente, y tantas veces como creas necesario.
3) Luego de terminar con esto, toma un descaso de tres minutos. Luego del descanso, cubre tus conceptos subrayados y pruébate a ti mismo para ver lo bien que pudiste memorizarlos. Probarte a ti mismo luego de ser expuesto a nueva información ha demostrado mejorar la recolección en el futuro, marcando este paso como particularmente importante.
4) Repite los pasos de arriba para cualquier concepto que no hayas podido memorizar.

La técnica de Feynman

La técnica de Feynman, llamada así por el famoso físico Richard Feynman, es una aplicación específica de autoexplicación. Consta de 4 pasos.

Paso uno: elije tu concepto.

La técnica de Feynman es ampliamente aplicable, así que elijamos un concepto que podamos usar a lo largo de esta sección: gravedad. Supongamos que queremos entender lo básico de la gravedad o explicarlo a alguien más.

Paso dos: escribe una explicación del concepto en castellano.

¿Esto es fácil o difícil? Este es el paso en serio importante porque mostrará exactamente lo que entiendes y lo que no sobre el concepto de gravedad. Explícalo de la manera más simple pero precisa, y de una manera que alguien que no sabe nada sobre el concepto también pueda entenderlo.

¿Puedes hacerlo o terminarás recurriendo a decir algo como "bueno... ya sabes, ¡es la gravedad!? Este paso te permite ver tus puntos ciegos y dónde tu explicación comienza a derrumbarse. Si no puedes realizar este paso, claramente no sabes tanto como pensabas y serías terrible explicándolo a alguien más. Podrías ser capaz de explicar lo que ocurre a objetos que están sujetos a la gravedad y lo que pasa cuando hay cero gravedad. Pero todo lo que pasa en medio podría ser algo que asumes que sabes, pero saltas continuamente la oportunidad de aprender al respecto.

Paso tres: encuentra tus puntos ciegos.

Si no pudiste idear una descripción corta de la gravedad en el paso anterior, entonces es bastante claro que tienes grandes brechas en tu conocimiento. Investiga la gravedad y encuentra una manera simple de describirla. Podrías inventar algo como "la fuerza que causa que objetos grandes atraigan objetos pequeños debido a su peso y masa". Sea lo que sea que no puedas explicar, es un punto ciego que debes rectificar.

Ser capaz de analizar la información y desglosarla en algo más sencillo demuestra conocimiento y entendimiento. Si no puedes resumirlo en un párrafo, o al menos de una manera concisa, sigues teniendo puntos ciegos que necesitas conocer.
Paso cuatro: usa una analogía.

Finalmente, crea una analogía para el concepto. Hacer analogías entre los conceptos requiere un entendimiento de los rasgos y características principales de cada uno. Este paso es para demostrar si realmente entiendes o no los conceptos a un nivel más profundo y para hacer que sea más sencillo explicarlos. Puedes verlo como la verdadera prueba de tu entendimiento y si posees o no puntos ciegos en tu conocimiento.

Por ejemplo, la gravedad es como cuando colocas tu pie en un estanque y las hojas caídas en la superficie son atraídas allí porque causa un impacto apenas visible. Ese impacto es la gravedad.

Este paso también conecta nueva información con vieja información y te permite llevar un modelo mental funcional para entender o explicar en mayor detalle. La técnica de Feynman es una manera rápida para descubrir lo que sabes en comparación con lo que piensas que sabes, y te permite solidificar tu base de conocimiento.

Práctica intercalada
El método final de aprendizaje de este capítulo representa una desviación de lo que muchos podrían considerar la manera lógica y establecida de aprender una habilidad o tema: dedicar tiempo a aprender un tema en bloques ininterrumpidos, algo así como comerte todos los vegetales antes del postre.

El aprendizaje por bloques implica aprender o practicar una habilidad a la vez antes de progresar a otra. No tienes que dejar de trabajar en una habilidad hasta que completes la rutina; dominas una habilidad A antes de la habilidad B y dominas la habilidad B antes de la C. Representando unidades de tiempo de estudio como una letra, esta práctica establecería un patrón que se vería como AAABBBCCC.

El intercalado interrumpe esa secuencia. Mezcla la práctica de diversas habilidades relacionadas a lo largo de la sesión de estudio, por lo que el patrón intercalado se vería algo como ABCABCABC.

Por ejemplo, un estudiante principiante en álgebra podría tener la tarea de comprender los exponentes, gráficos y radicales. En lugar de tomar cada tema a la vez, podría comenzar con los exponentes, desprenderse y practicar los gráficos, luego trabajar en los radicales de raíces cuadradas y luego regresar a estudiar los exponentes. Al estudiar a Shakespeare, uno podría dividir las porciones de una sesión de estudio al cambiar entre la comedia, tragedia y obras históricas del dramaturgo. Llevándolo a otro nivel, podrías estudiar a Shakespeare, luego matemáticas y luego la historia africana, todo en el mismo bloque de estudio.

La práctica intercalada al inicio podría parecer una manera casual, de alguna manera aleatoria para aprender comparada con otras, pero ¿qué método funciona mejor realmente? Estudios indican que el estudio intercalado es de hecho mucho más efectivo para el aprendizaje motor (movimientos físicos) y tareas cognitivas (matemáticas).

Su ventaja sobre el aprendizaje por bloques es sorprendente: las pruebas indicaron que la práctica intercalada produce un aumento del 43% en el aprendizaje y retención en comparación con el aprendizaje por bloques. Podrías haber escuchado que la multitarea es mala porque crea interrupciones y dificulta el flujo del aprendizaje. Pero cuando se usa deliberadamente, las "interrupciones" también pueden ser exactamente lo que hace que la práctica intercalada sea efectiva.

La práctica intercalada presiona a un estudiante a que salga de su elemento de orden y secuencia. Esta interrupción busca más crear una impresión en la mente del estudiante que mantener el statu quo de la sesión de estudio. Y también es una forma de práctica de recuperación: los estudiantes regularmente repasan conocimientos adquiridos recientemente con un mayor ritmo. Mientras más a menudo podamos encontrar información, recordarla, revisarla, y conectarla con otros temas que ya conocemos, es más probable que entendamos y recordemos información (Blaisman, 2017).

La mezcla de conceptos o problemas crea y refuerza conexiones más fuertes entre estos. Los estudiantes generalmente perciben conceptos como piezas de conocimiento independientes y autónomas sin conexiones aparentes u obvias con otras piezas. Revisar regularmente material que ha ya ha sido abarcado facilita el descubrimiento de estas conexiones y nos anima a encontrar puentes inesperados entre las diferentes habilidades e ideas.

Así como la práctica de recuperación, la práctica intercalada lleva nuestro conocimiento *fuera* de nuestro banco de conceptos y promueve un pensamiento activo sobre donde encajan. De la misma manera que las partículas que son más pequeñas tienen una mayor área de superficie, las ideas que se encuentran en pequeños bloques parecen tener un área de superficie conceptual mayor y se siente que se conectan de manera más sólida con los flujos circundantes de actividad e información. En lugar de que el cambio de tarea sea una interrupción, puede, en este caso, actuar para mantenernos alerta y participar de manera más activa con lo que estamos aprendiendo.

Los beneficios de la práctica intercalada tienen dos funciones. Primero, mejorar la habilidad del cerebro para distinguir entre conceptos. Con el estudio por bloque, una vez que sabes cuál es la solución, la parte difícil está hecha. Con la práctica intercalada, cada intento de práctica varía del último, por lo que las respuestas repetidas o automatizadas no funcionan. En lugar de eso, tu cerebro tiene que enfocarse continuamente en encontrar soluciones diferentes. Este proceso afina tu habilidad para aprender características críticas de habilidades y conceptos, lo que por ende te ayuda a seleccionar la respuesta correcta y ejecutarla.

La práctica intercalada también fortalece tus asociaciones de recuerdos. Con la práctica por bloques, solo necesitas aferrarte a una estrategia a la vez en tu memoria de corto plazo. Con la práctica intercalada, la estrategia siempre será diferente porque la solución cambia de un intento al otro. Tu cerebro está participando incansablemente en traer respuestas y llevarlas a tu memoria de corto plazo. Nuevamente, es un acercamiento más activo y desafiante; refuerza tus conexiones neuronales entre las diferentes tareas y respuestas, lo que mejora el aprendizaje.

La práctica intercalada puede ser efectiva en el aprendizaje basado en texto también, pero podría requerirse un poco más de preparación. El consejo más importante a recordar es que la práctica intercalada no es igual a la multitarea, algo que debes evitar. No juegues *muy* liberalmente con las disciplinas que estás aprendiendo; intercalar química, literatura inglesa y cerámica es probablemente más problemático de lo que vale, sin mencionar desordenado.

En lugar de eso, en una sola sesión de estudio, muévete entre múltiples temas. Trata de fijar un límite sobre cuántos ángulos diferentes o temas abordarás en un bloque de estudio dado; tres es suficiente y cuatro podría ser bueno para sesiones intensas. Pero, una vez que estés adentro, siéntete libre de dejar que tus instintos te guíen de un tema a otro. Establecer un tiempo para cada tema está bien, pero en algunos casos, la aplicación de un límite artificial podría no ser ideal para objetivos de comprensión.

Incluso si los temas que intercalas no varían demasiado, sigues teniendo un margen de maniobra. Por ejemplo, puedes hacer malabares con las lecturas de literatura inglesa, arquitectura europea y filosofía griega sin un impacto crítico al sistema. Los temas que estimulan la búsqueda de conexiones son especialmente útiles; mezclar estudios sobre teoría del arte, técnica del arte, y la historia del arte culturar pop de los 60 podría muy bien producir un significado que puede ser compartido fácilmente entre los tres conceptos.

Todas las estrategias que hemos detallado en este capítulo toman la información que recibimos y la convierten en partes móviles.

No solo almacenamos la información en nuestras mentes y nos movemos a la siguiente idea. En lugar de eso, cuestionamos la información, la comparamos y la usamos para estimular otra información. Al poner nuevas ideas inmediatamente en uso y sacar conceptos aprendidos para conectarlos con los nuevos, estás convirtiendo la educación en una acción que profundiza su significado. Cuando eso ocurre, es algo que te costará olvidar.

Enseñanzas

- Las técnicas que se enfocan en una participación *activa* y consciente con material nuevo siempre resultarán en un entendimiento más profundo y una mejor memoria.

- Muchas de las técnicas de estudio convencionales que todos usamos son de hecho bastante malas para ayudarnos a aprender; estas incluyen la recapitulación, resaltado, uso de nemotecnia, añadir imágenes al texto o releer texto. Aunque estas técnicas pueden ser útiles en contextos limitados, no son las más efectivas.

- Las técnicas más efectivas son más activas y aplicadas: prueba práctica, práctica distribuida (abarcada en un capítulo anterior), interrogación elaborativa, autoexplicación y práctica intercalada.

- En la interrogación elaborativa usamos preguntas para asegurar un entendimiento profundo del material, preguntar "¿por qué?" y "¿cómo?" para revelar conexiones y relaciones casuales que van más allá de la superficie. Esto ayuda no solo a nuestro entendimiento, sino también a nuestra memoria.

- La autoexplicación también nos obliga a ir más allá con los conceptos, donde nos "enseñamos a nosotros mismos" y quizás identificamos las brechas al entender. Al explicarnos nosotros mismos ideas, secuencias o conceptos, aprendemos "de adentro hacia afuera".

- Idea inspirada por el físico Richard Feynman, siempre vale la pena revisar tu comprensión para ver si puedes explicar cualquier idea con un lenguaje simple y directo. Si no puedes, debe haber algún tipo de brecha conceptual o malentendido.

- La práctica intercalada va en contra de la sabiduría convencional y te impulsa a alternar entre diferentes temas o habilidades en una sola sesión de estudio. Al mezclar temas, desarrollas cierta agilidad cognitiva y fortaleces las conexiones y relaciones en lugar de aprender bloques aislados de golpe.

- Las prácticas de aprendizaje activo funcionan mejor cuando son elegidas por su pertinencia para el estudiante en particular, tema o lección. Cualquiera de las tácticas de arriba son una buena idea si fomentan un entendimiento profundo en lugar de uno superficial, y si te permiten lograr conexiones conceptuales significativas entre las ideas.

Capítulo 4. Haz que el aprendizaje sea secundario

"Esa es la mejor manera de aprender, cuando estás haciendo algo con tal placer que no te das cuenta que el tiempo pasa". — Albert Einstein a su hijo, Hans Einstein

Hay mucha sabiduría para descifrar en esa simple oración que Einstein una vez le dijo a su hijo, y se une directamente con el enfoque de este capítulo.

Es una premisa directa. Si eres lo suficientemente afortunado para ser consumido con una meta u objetivo, y lograr esa meta u objetivo casualmente requiere la adquisición de habilidades o conocimiento, entonces ni siquiera notarás que estás trabajando para aprender y recordar. Tu aprendizaje y experiencia se vuelven segunda naturaleza, y todo en busca de esa meta.

Quiero repetir brevemente una historia que conté en otro lado. Tenía una meta muy motivadora de hablarle a una chica en mi clase de inglés, Jessica. Ella tendía a voltear y pedir mi ayuda porque era quizás la persona que prestaba menos atención que yo en clases, así que juré que mejoraría en inglés para que ella me siguiera hablando.

En la búsqueda de su atención, estudié inglés como loco e incluso investigué referencias inciertas y vocabulario para impresionarla. No lo sabía en ese momento, pero había hecho que el aprendizaje fuese secundario, y la búsqueda de mi meta era mi mayor prioridad. Cada nueva palabra o frase que aprendía era una que podía usar para otro objetivo.

Aprendí como resultado colateral y esa es quizás la forma más fácil de aprender.
Aquí tienes otro ejemplo que involucra a mi hermano mayor. Cuando él estaba creciendo, el Internet apenas se estaba volviendo popular. Claro que, con el Internet vinieron las salas de chat, paneles de mensajes y todo tipo de comunicación con personas que no estaban cerca de ti. Abrió el mundo para muchas personas. Yo recuerdo que lo veía sentado frente al computador de la familia luchando para escribir con el teclado.

Un día descargó algún tipo de programa de chat, el cual ahora me doy cuenta que era AOL Instant Messenger; el infame AIM que casi cada adolescente y adulto joven usaba en ese momento. No habían pasado más de una o dos semanas cuando caminé cerca de él en la computadora nuevamente y no podía evitar darme cuenta lo ruidoso y ocupado que estaba el teclado. Su velocidad al escribir probablemente se había cuadruplicado en solo esa semana desde la descarga de AIM. Se obsesionó con chatear en línea y esa obsesión se tradujo en competencia rápidamente.

Había hecho que aprender a escribir en el teclado fuese secundario en busca de su meta principal de hablar con sus amigos en línea más rápidamente. Todo lo que quería era escribir más rápido para poder contar bromas en el momento correcto para no ser vencido por el remate contado por sus amigos, y encontró una manera de conseguir eso escribiendo más rápido. Su precisión y llamada técnica probablemente habría estado mejor si hubiese atendido clases de mecanografía, pero ya era un mecanógrafo increíblemente rápido, con AIM llevándose todo el crédito.

Aquí tienes un ejemplo final para ilustrar que hacer que el aprendizaje sea secundario puede llevarte al aprendizaje y al conocimiento sin que lo notes.

Esta historia es sobre uno de mis amigos en la universidad. Cuando él estaba viviendo en los dormitorios, estaba rodeado de personas que casualmente tocaban la guitarra. Todos habían aprendido en algún punto cuando eran adolescentes y llevaron sus guitarras a la universidad para dar serenatas a las mujeres. Ocasionalmente, llevaban todas sus guitarras al mismo cuarto y tenían sesiones de canciones de rock clásicas como una banda.

Sintiéndose excluido, mi amigo preguntó si podía usar una de las guitarras de sus compañeros de cuarto cuando no estuviesen allí. No era un problema, así que mi amigo comenzó a aprender a tocar la guitarra por su cuenta, practicando las canciones que sus compañeros tocaban. No era que se sentía excluido realmente o desesperado por encajar, simplemente veía la música como una actividad grupal divertida y quería poder participar.

La siguiente ocasión en la que el grupo se reunió para su sesión, él pudo unirse a la diversión, y cuando pasaban por varias canciones del repertorio, podía aprender al instante y tocar discretamente en el fondo antes de tener más confianza y tocar con más fuerza. Comenzó a establecer vínculos con estos chicos y aprendió más para que el grupo pudiera tocar canciones y solos más complejos.

Él es otro ejemplo brillante de por qué, si es posible, debes hacer que el aprendizaje sea secundario. Piensa en Daniel de *The Karate Kid*, quien fue obligado a pintar y limpiar y se dio cuenta que de hecho estaba aprendido karate.

Con la motivación apropiada, puedes hacer que el aprendizaje y adquirir conocimiento no sea una tarea, sino más bien un escalón de tu escalera hacia tu meta en general y sentido de gratificación. Lo que es más importante, cuando tienes una meta más grande es cuando te concentras más en hacer que algo funcione eficientemente. Podrías no preocuparte mucho de lo específico, pero probablemente tendrás el mismo resultado final.

Desde allí, tienes la elección de comenzar la práctica deliberada, ensayo y afinación de todo, pero simplemente tener la motivación correcta te llevará al punto de competencia e incluso te hará resaltar. Simplemente no es tan difícil cuando estás persiguiendo algo más grande en lugar de aprender solo por aprender o estar forzado a ello. Nuevamente, vemos la diferencia entre al aprendizaje profundo y una memorización por repetición superficial.

Ahora bien, sin duda alguna has tomado este libro porque tu meta es (probablemente) mejorar la manera en la que aprendes, sea cual sea tu tema escogido. Es un poco parecido a una paradoja, pero para lograr realmente este objetivo en su totalidad, es casi como si necesitáramos perseguirlo *indirectamente*. Casi como buscar completamente otra meta. La habilidad, experiencia, y el aprendizaje profundo pueden todos ser un beneficio colateral de tu meta dominante. Pero, es mucho más difícil de la otra manera; esperar que trabajando duro en el nivel superficial sea suficiente para ganarte ese tipo de entendimiento profundo y pasión que mencionaba Einstein. Entonces, ¿qué hacemos con este conocimiento

Entender que una motivación más que no sea aprendizaje y conocimiento es tu herramienta de aprendizaje más poderosa. Tienes que ver el bosque a través de los árboles y entender las recompensas y beneficios de a lo que tus acciones te dirigen. En esencia, todo lo que aprendes o todo en lo que quieres mejorar es una herramienta en tu camino a tu meta o proyecto dominante. Tienes que tener un PORQUÉ y no solo un cómo.

Ponte más en contacto con las razones por las que persigues esta o esa meta, y recuérdate de su principal valor para ti en tu vida, más allá de los marcadores de éxito inmediatos. Seguro, podrías querer aprobar el siguiente examen de enfermería o ganar un premio, pero, ¿por qué estás haciendo eso? ¿No iniciaste esa travesía en primer lugar debido a tu amor sincero por ayudar a otros y marcar una diferencia?

Claro que, no todos los esfuerzos deben ser profundos y significativos para que lo refuerces con algo de contexto. Sin importar cuál sea la meta, hay maneras de abordar tu aprendizaje de manera que estés "en la zona", en lugar de solo seguir por inercia un conjunto de ejercicios predeterminados.

¿Todavía no tienes un proyecto o meta? Busca una que haga que la adquisición de una habilidad deseada sea necesaria pero no el enfoque principal. Por ejemplo, si quieres aprender más sobre geografía, comienza con juegos de mesa que requieran tal conocimiento. Si quieres mejorar al esquiar, comienza con competencias pequeñas y locales que te obligarán a mejorar. Si quieres mejorar la escribir, juega algo que requiera una escritura rápida y precisa. Si quieres aprender un idioma más rápidamente, mira programas de televisión que usen un vocabulario más amplio.

Haz que el aprendizaje sea la travesía, no el punto final.

Es importante mencionar que no es sabio depender *siempre* de la motivación o inspiración. Aunque las consideraciones de arriba pueden enmarcar tus acciones y poner tus metas en contexto para inspirarte, no hay forma de evitar el hecho de que incluso con nuestras metas más preciadas, algunas veces necesitamos algo de disciplina para continuar esforzándonos por ellas. La inspiración, emoción y energía son geniales cuando las posees, pero requieren que estés en un estado mental positivo, lo cual no siempre es posible.

También te coloca en una mentalidad donde tienes un prerrequisito para aprender y enfocarte. Necesitas sentirte inspirado, necesitas sentirte motivado, o necesitas estar en el estado mental correcto. Esto, todos lo sabemos, definitivamente no es siempre posible. Pero, afortunadamente existen muchísimas maneras de abordar una falta de motivación temporal día a día, si sabemos que nuestros objetivos más amplios están en su lugar.

Quiero entrar en lo que llamo la regla de los 10 minutos. Funciona de dos maneras. Primero, si no tienes ganas de hacer algo, hazlo solo por 10 minutos. Luego puedes detenerte. Claro que, rara vez te detendrás a los 10 minutos porque habrás acumulado ímpetu y destruido lo que te mantenía en un estado de flojera: inercia.

Segundo, cuando sientas ganas de detener una tarea y renunciar por el día, dale solo 10 minutos hasta que te detengas. Podrías no continuar mucho después de esto, pero ponerte un límite específico hará que quieras terminar tanto como puedas en ese tiempo y te hará un poquito más productivo. Tu motivación podría estar en declive, pero tu disciplina te mantendrá trabajando.

La otra gran lección de este capítulo es que hacerlo, usarlo o aplicarlo es, sin lugar a dudas, la parte más importante del aprendizaje. Recuerda la pirámide del aprendizaje donde los métodos más pasivos de aprendizaje proporcionaban la menor retención de memoria. Cuando aplicas tu conocimiento, estás en la parte participante y activa de la pirámide. Es más trabajo que asegurar y a la mayoría de nosotros nos gusta deslizarnos por el camino de menor resistencia.

Ponerte a trabajar te permite encontrar patrones y hacer conexiones que la observación y el estudio nunca te hubiesen mostrado. Iré tan lejos para decir que nunca dominarás nada sin algo de experiencia de primera mano. Dan Coyle, talento investigador y científico, sugirió que la regla de dos tercios es la más efectiva al aprender o adquirir una nueva habilidad. Debes pasar un tercio del tiempo leyendo e investigando y los otros dos tercios haciendo y practicando lo que estudiaste

Solo puedes aprender hasta cierto punto sobre cómo tocar la guitarra viendo videos y leyendo tutoriales. No esperes ser capaz de tocar como Jimi Hendrix la primera vez que tomas la guitarra si no practicas de manera activa. Si eres un completo neófito, entonces tienes que comenzar a investigar y ponerte al día con los principios fundamentales y límites. Luego vas y lo haces.

El conocimiento al investigar por sí solo es inútil sin la experiencia para que lo sostenga. Cuando combinas esto, ganas intuición y juicio, lo que usualmente es la verdadera meta.

Las seis facetas del entendimiento

Entonces, en lugar de perseguir el aprendizaje solo porque sí, perseguimos una meta, o algún entendimiento profundo, y luego nuestro aprendizaje se une a la travesía. Alcanzas ese estado mental envidiable donde mejorar tus habilidades y ganar conocimiento ocurre casi de manera automática, sin que siquiera lo sepas. Esto es más divertido y, sí, mucho más efectivo que obligarte a través de un proceso de aprendizaje que realmente no te importa.

Piensa sobre Einstein en la primera sección. Hoy lo conocemos como un pensador y físico brillante, un ser humano que fue capaz de salirse de los confines intelectuales de la disciplina científica y se vio trabajando desde dentro; alguien cuya mente y contribuciones llevaron al mundo entero a una nueva era de entendimiento.

Ahora, ¿crees que Einstein se sentó un día y decidió acelerar su aprendizaje, para así poder memorizar mejor, leer más rápido o afinar sus habilidades de estudio? ¿Crees que él buscó ser la persona más inteligente y conocedora de la habitación? Nada que ver. Su motivación era mucho, mucho más profunda que esto. Él quería *entender* genuinamente. Él estaba inspirado y quería aprender más, ver más en el universo, ser capaz de explicar su funcionamiento, ¡la física teórica era su conveniente herramienta!

Así que, para llevar tu aprendizaje al siguiente nivel, debes conectarte con las facetas más profundas del entendimiento que pueden dirigir tu comportamiento, en lugar de enfocarte en las técnicas de aprendizaje como tal. Existen seis de estas facetas, propuestas inicialmente por Grant Wiggins y Jay McTighe, para enfocarte en lugar de hacer que el aprendizaje sea tu meta principal:

Explicación

¿Por qué el sol aparece por el este? ¿Qué pasa en el cuerpo cuando te contagias de sarampión? ¿Por qué ocurrió la Segunda Guerra Mundial? Cuando accedes a la "gran idea" que une todas tus observaciones, estás accediendo a una *explicación*. Ves el contexto, las conexiones en una red más amplia y esto dirige tu aprendizaje. Ves la psicología de una persona en relación a su familia o cultura, o el comportamiento de un animal en relación al ecosistema al que pertenece.

Esta es la fundación del razonamiento y la teoría: tomamos datos y sacamos una historia de ellos, una historia que explique e ilumine eso sobre lo que estamos hablando. Así que, no te sientas y aprendes algunos hechos sosos, sino que ves estos hechos como parte de un todo más interesante que te ayuda a entender el porqué y cómo de dicho fenómeno.

Interpretación

Miras el arte hecho durante la Segunda Guerra Mundial y, sabiendo lo que sabes sobre ese período histórico, tratas de darle sentido a las imágenes, tratas de ver el sentimiento y significado detrás de los símbolos, jugando con las diferentes interpretaciones. Miras una pieza escrita por Freud y consideras sus afirmaciones a la luz de lo que sabes sobre su relación con su madre. O quizás creas una pieza de música inspirada por una novela; "interpretando" o transmitiendo idus de un medio a otro.

Aplicación

Podrías estar tratando de aprender sobre la increíblemente aburrida historia legal, o los detalles de alguna legislación política en particular. Podría parecer nada interesante hasta que te das cuenta para qué es *usada* esta legislación. Algunas personas hacen que el enfoque de su aprendizaje sea la aplicación práctica de una habilidad o conocimiento.

Entonces, entendemos sobre la agricultura para producir mejor comida para alimentar a la nación. Aprendemos a escribir no porque nos importe el idioma como tal, sino porque queremos ser comunicadores más efectivos y queremos expresar nuestro mensaje claramente (el mensaje es lo que importa, ¡no el medio!). Se trata de objetivo y función.

Perspectiva

La historia y la antropología pueden ser aburridas de aprender. Pero, nunca es aburrido imaginar, por ejemplo, cómo se veía el mundo en la Edad de Piedra o imaginar a personas que tenían una manera completamente diferente a la tuya de existir en el mundo. ¿Cómo se ve tu argumento desde "el otro lado"? ¿Cómo es percibido tu argumento por personas que están completamente en desacuerdo contigo?

Cuando aprendemos a ganar perspectiva, ampliamos nuestra propia visión y esto nos puede otorgar el regalo del pensamiento crítico. Vemos nuestras propias suposiciones y parcialidades más claramente, y usamos nuestro aprendizaje para hacer algo mágico: acceder a los mundos internos de otras personas.

Empatía

Relacionada a esta faceta del entendimiento está la empatía, o la habilidad para *sentir* la experiencia de alguien más, y no solo comprenderla intelectualmente. Piensa en Jane Goodall y todo el progreso que logró en entender el comportamiento animal porque abordó su trabajo con una curiosidad gentil y compasiva por los animales con los que trabaja. Su entendimiento era motivado por la empatía.

Nosotros subestimamos cuán a menudo la empatía inspira nuestro aprendizaje y entendimiento. Después de todo, la empatía es simplemente entender a nuestros compañeros seres humanos, no solo a través de humanidades y arte, sino entender a cualquiera que sea diferente a nosotros, sean niños, animales, personas del pasado o aquellos con una cultura totalmente diferente.

Autoconocimiento

Finalmente, podemos ser motivados a aprender por el deseo de entendernos *a nosotros mismos* mejor. Muchos teóricos, científicos y filósofos sociales han comenzado con sus propias vidas como un punto de partida, descubriendo involuntariamente algo sobre el mundo más grande cuando se dispusieron a entender el mundo dentro de ellos mismos.

¿Cuántos psicólogos han aprendido lo que saben porque querían entender sus propios cerebros, personalidades o traumas? Un historiador podría estudiar un evento pasado debido al efecto que tuvo sobre sus bisabuelos; un científico podría desenmarañar los misterios de un trastorno genético que su propio hijo padece; una abogada podría indagar en un área en particular de la ley precisamente porque se relaciona con errores personales a los que ella misma está tratando de darle sentido.

Estas seis facetas del entendimiento no poseen jerarquía alguna, ninguna es mejor que la otra. Aprender es el *cómo*, pero entender es el *por qué*. Aquellos que se embarcan en el aprendizaje sin esa meta profunda de entendimiento podrían encontrarse con que su trabajo es superficial y poco atractivo; pero, aquellos que son motivados por un deseo genuino de saber más, podrían descubrir que están ensimismados en su trabajo exactamente como lo describe Einstein.

Aprendizaje basado en la resolución de problemas

Existe una leyenda urbana sobre unos herreros novatos. Su profesor les pide que esculpan una compleja estructura a partir de un sólido bloque de metal usando solo las herramientas manuales que tenían a disposición. Luego de completar este tedioso y aparentemente imposible problema, ¿qué crees que lograron los estudiantes? Se volvieron verdaderos expertos con las herramientas manuales.

¿Qué hay del famoso Sr. Miyagi de la película *The Karate Kid*? ¿Quién puede olvidar cómo le enseñó a su estudiante, Daniel, cómo hacer un trabajo duro? Y, aun así, luego de lograr su meta, resulta que Daniel aprendió lo básico del karate.

A través de la resolución de un problema o búsqueda de una meta, el aprendizaje se volvió inevitable.

El aprendizaje basado en resolución de problemas es donde comienzas con un problema que necesita ser resuelto, y fuerzas el aprendizaje a través del proceso de resolver ese problema. Tratas de conseguir una meta que necesita aprendizaje. En lugar de disponerte a aprender "X", la idea es establecer una meta de resolver un problema "Y" y, en el proceso, aprender "X". Claro que, esto es pura transferencia de aprendizaje.

Usualmente aprendemos información y habilidades de una manera lineal. En la escuela, se usa comúnmente un acercamiento tradicional: se nos proporciona material, lo memorizamos y se nos muestra cómo esa información resuelve un problema. Esto podría incluso ser cómo estructuras tu aprendizaje cuando estás por cuenta propia; porque no sabes nada diferente.

El aprendizaje por resolución de problemas requiere que identifiques lo que ya sabes sobre el problema y qué conocimiento y recursos sigues necesitando para descubrir cómo y dónde obtener esa nueva información, y finalmente armar una solución para el problema. Esto es muy diferente del acercamiento lineal de la mayoría de las escuelas. Podemos sacar algo de mis fallidas escapadas románticas cuando era adolescente para ilustrarnos.

Quería impresionar a *Jessica de la clase de inglés*. Era una motivación noble y poderosa que ha sido el impulso de muchos cambios en la vida de un joven (y viejo) hombre. Estábamos en la misma clase de inglés, y tenía la buena fortuna de estar sentado justo detrás de ella. Resulta que ella no estaba muy interesada en inglés, así que constantemente miraba hacia atrás y me pedía ayuda.

Primero me quedaba atrapado en sus ojos, pero luego mi espíritu se caía porque me daba cuenta de que no tenía idea de cómo responder sus preguntas. *¿Qué tal si les preguntaba a los otros chicos de la clase? ¡No quería eso!*

Con esto en mente, comencé a estudiar y aprender inglés para que ella tuviera más razones para continuar hablándome. Es increíble lo que puedes hacer cuando tienes la motivación apropiada, y yo probablemente logré hablar fluido más rápidamente que cualquiera de la clase ese año. Es más, yo buscaba frases inciertas o complejas solo para impresionarla, en caso de que tuviera la oportunidad.

Creé un set masivo se tarjetas. Comenzaban con una palabra en la parte de atrás de cada tarjeta, pero para el final el año escolar tenían de tres a cuatro oraciones en la parte de atrás, todas en inglés. Conseguí la puntuación más alta de la clase, una de las pocas en mi carrera de secundaria, pero nunca logré nada con Jessica.

Este es un caso clásico de aprendizaje por resolución de problemas. Quería resolver el problema de X (Jessica), pero terminé aprendiendo Y (inglés) en el proceso.

Claro que, la clave para nosotros es ser deliberados sobre el problema al que le dedicas tiempo para resolver, así que lo que aprendes te ayuda a lograr lo que quieres. Puede ser tan simple como querer dominar una nueva escala en la guitarra e intentar tocar una canción difícil que incorpore esa escala. Puedes ver cómo enfocarte en resolver un problema puede ser más útil y educativo que simplemente leer un libro de texto o escuchar una clase. Definitivamente hay algo que decir sobre la experiencia de primera mano.

El aprendizaje por resolución de problemas ha existido de algún modo u otro desde el revolucionario libro de 1916 de John Dewey, *Democracia y Educación: una introducción a la filosofía de la educación.*

Una de las premisas básicas del libro de Dewey era aprender con la práctica.

Demos un salto rápido a los años 60, cuando el aprendizaje por resolución de problemas tuvo su inicio moderno. Las escuelas de medicina comenzaron a usar casos y ejemplos reales de pacientes para entrenar a los futuros doctores. Ciertamente, es así como muchos estudiantes de medicina siguen aprendiendo para diagnosticar y tratar pacientes. En lugar de memorizar una infinita reserva de hechos y cifras, los estudiantes de medicina pasaron por el proceso de diagnóstico y recopilaron información en el camino. Eso es ejercitar un músculo diferente más allá de leer y escribir notas.

¿Qué preguntas deberían hacerle al paciente? ¿Qué información necesitan del paciente? ¿Qué pruebas deben hacer? ¿Qué significa el resultado de esas pruebas? ¿Cómo los resultados determinan el curso del tratamiento? Al hacer y responder todas estas preguntas en el proceso de aprendizaje por resolución de problemas, los estudiantes de medicina básicamente aprenden a tratar a los pacientes.

Imagina que a un estudiante de medicina se le presenta el siguiente caso: un hombre de 66 años entra a la oficina quejándose de una reciente falta de aliento. ¿Cuáles son los siguientes pasos para este lienzo en blanco?

En adición a los historiales médicos, familiares y sociales, el estudiante querrá descubrir por cuánto tiempo han estado ocurriendo los síntomas, a qué hora del día, qué actividades llevaron a la falta de aliento, y si hay algo que lo empeore o mejore. El examen físico se convierte entonces en algo enfocado en el problema: revisar presión sanguínea, escuchar el corazón y pulmones, revisar piernas en busca de edemas, etc. Luego el estudiante determinaría si hay que realizar alguna prueba de laboratorio o rayos X. Y luego, de acuerdo a esos resultados, el estudiante elaboraría un plan para el tratamiento. Y eso es solo para comenzar.

Si el instructor quisiera que el estudiante aprendiera sobre cómo lidiar con potenciales problemas del corazón, lo logró. Al aplicar sus habilidades de investigación en casos del mundo real, el aprendizaje fue más realista, más recordable y más participativo para los estudiantes de medicina. Estudios han mostrado que cuando el aprendizaje está basado en problemas para estudiantes de medicina, el razonamiento clínico y las habilidades de resolución de problemas mejoran, aprender es más profundo y los conceptos son integrados para un mejor entendimiento del material en general

El aprendizaje basado en resolución de problemas obliga a los estudiantes a hacerse cargo de la solución y enfoque, y absorben un concepto o grupo de información de una manera completamente diferente. En lugar de simplemente resolver X, deben elaborar una ecuación completa que los lleve a X. Esto involucra un profundo sentido de exploración y análisis, de los cuales ambos llevan a un mayor entendimiento que la simple repetición mecánica.

El aprendizaje por resolución de problemas también lleva a una mayor automotivación porque en lugar de aprender solo porque sí, hay un asunto de vida real en juego, con consecuencias de vida real.

Viviendo en el "mundo real", típicamente no recibimos casos ni se nos asignan proyectos grupales (al menos no en el sentido de la frase de escuela primaria), que ayuden en nuestras metas de aprendizaje. Lo sepamos o no, podemos ponernos en una posición para mejorar nuestro aprendizaje al dirigirlo a objetivos específicos. Lo que sigue son algunos ejemplos de cómo encontrar un problema que necesite mayor aprendizaje de tu parte.

Planificación de comida. Por ejemplo, quieres resolver un problema cenas retrasadas y agitadas. Elijes esta tarea porque, además de resolver el problema de estrés y ansiedad innecesarios, aprenderás a ser un mejor cocinero con todo el sentido de la palabra. Quieres resolver X (comidas estresantes), pero en el camino también aprenderás Y (cómo cocinar mejor).

Entonces, ¿qué pasos tomarías para volverte más diestro en la cocina? Una manera sería implementar un sistema de planificación de comida que te permita probar nuevas recetas y técnicas. Primero, determinar lo que ya sabes sobre el problema: tu familia necesita comer. Está bien que las recetas inicien sencillas y luego más complejas. Necesitas ingredientes para hacer esas recetas, un cronograma de qué comida servir y cuándo, y una estrategia para cómo abordarás las técnicas más avanzadas.

¿Qué sigues necesitando saber? Necesitas las recetas como tal y listas de ingredientes. Necesitas algún tipo de plan organizado para cuando sirvas cada comida, probablemente un calendario. Podrías querer identificar habilidades específicas que quieres adquirir.

¿Dónde obtendrás nueva información para ayudarte a resolver este problema? Quizás comienzas preguntándole a tus familiares sobre sus tres comidas favoritas. Luego saltas a Pinterest para encontrar algunas recetas. Desde allí, hace una lista de ingredientes, quizás en un cuaderno, o en un documento de Word en tu computadora, o una app de compras que consigas. Luego pones tus comidas en un calendario. Nuevamente, puedes hacer esto en tu computadora o podrías encontrar un planificador de comida imprimible o una app. Y quizás quieres explorar el pedido en línea de ingredientes con entrega o recogida para ahorrar aún más tiempo (y probablemente los gastos por impulso). Necesitarás resolver cómo aprenderás nuevos enfoques en la cocina: leyendo, a través de videos de YouTube, asistiendo a una clase, etc.

Al hacer un plan estratégico para mejorar tus habilidades de cocina, ¡haz resuelto el caos de la hora de comida usando el aprendizaje basado en resolución de problemas! Identificaste lo que ya sabías (tus ideas sobre qué nuevas habilidades querías aprender, ideas de comidas, recetas, lista de ingredientes), descubriste lo que necesitabas saber (las técnicas como tal, recetas específicas, listas de ingredientes, un calendario de comida), y donde encontrar esa información (familiares,

Pinterest, apps, libros, en línea, computadora, etc.).

No solo has creado un plan para las futuras comidas de tu familia, has ideado una estrategia a usar de ahora en adelante semana tras semana, mes tras mes, todo mientras aprendes nuevas técnicas y mejoras tus habilidades en la cocina. Al desarrollar una estrategia de planificación de comidas, estás ahorrando tiempo y dinero, y podrías ver una reducción en el caos y un incremento en la satisfacción de la familia con las comidas. Llámalo matar dos pájaros de un tiro.

El aprendizaje basado en resolución de problemas proporciona un esquema útil para una forma razonable y organizada de abordar un problema, reto o dilema para poder aprender una nueva habilidad o nueva información. Puedes pensar en el aprendizaje por resolución de problemas como una serie de pasos como se demuestra en los ejemplos de arriba.

1. Define tu problema.
2. Determina lo que ya sabes.

3. Haz una lista de potenciales soluciones y escoge la que tenga más probabilidad de tener éxito.

4. Desglosa los pasos en elementos de acción (una línea de tiempo a menudo ayuda).

5. Identifica lo que sigues necesitando saber y cómo obtendrás esa información.

Existen algunas ventajas claras del aprendizaje basado en resolución de problemas. No solo tendrás una mejor retención de lo que has aprendido, en general ganarás un entendimiento profundo del problema y las soluciones mayor a que si hubieses tomado un acercamiento menos enfocado. Aunque podría parecer que el enfoque basado en problemas tiene demasiados pasos y tardará mucho, generalmente tiende a ahorrarte tiempo a la larga ya que no estás probando soluciones menos pensadas de manera aleatoria, una tras otra. Planificar y formular un plan sistemático básicamente te ahorra tiempo ¡y a menudo dinero también! Ese es el beneficio de resolver directamente un problema, llegas al corazón de lo que importa.

El aprendizaje basado en resolución de problemas puede ser aplicado a la mayoría de los aspectos de tu vida. Podrías tener que ponerte creativo sobre cómo diseñas una solución o meta en torno a algo que quieres aprender, pero este es el tipo de técnica de aprendizaje que impulsará tu progreso.

Gamificación

Otra manera de hacer que el aprendizaje sea relevante y motivador para ti es el concepto de *gamificación*. La gamificación es cuando aplicas los principios que hacen que los juegos sean adictivos a contextos no relacionados con juegos. Por ejemplo, la gamificación en un entorno de oficina podría ser permitir a personas "subir de nivel" si trabajan un cierto número de horas o si completan cierto número de tareas. Esto serviría para motivar a las personas en dos frentes: para la arbitraria subida de nivel y lograr la tarea como tal.

Muy a menudo, las personas tienen dificultad para motivarse estrictamente por deber u obligación. Allí es donde es mejor usada la gamificación; si puedes hacer que alguien se enfoque en subir de nivel, puedes motivarlos a hacer sus tareas como un resultado colateral de querer subir un nivel. Por ejemplo, digamos que por cada venta que alguien haga, gana un punto. Si acumula suficientes puntos, su título es ascendido de salmón de ventas, a atún de ventas, a tiburón de ventas, a orca de ventas, a pescador de ventas. La idea detrás de la gamificación es hacer que a las personas les importen estos niveles y, en el proceso, hacer que les importe su número de ventas.

Esto lo ves todo el tiempo con puntos, medallas de honor, programas de lealtad y premios para aquellos que suban en rango. En realidad, no se trata de los puntos o medallas en lo absoluto; se trata de motivar a las personas a realizar la acción subyacente que les conseguirá los puntos o medallas. Se trata de tener un marcador externo de tu progreso, que casi se vuelva adictivo. El sentimiento de avanzar por un curso establecido y mejorar gradualmente puede ser muy motivador, puede mantener a las personas desafiando sus propios límites.

La gamificación crea un suelo extremadamente fértil para el aprendizaje porque hace que las personas olviden el desagradable trabajo del que son parte. En lugar de eso, se enfocan en ganar puntos y ganancias en general.

Puedes crear el efecto de que de hecho estás siendo recompensado cuando aprendes, opuesto a sentir molestia y agotarte.

Tomemos un famoso ejemplo que ha dirigido literalmente millones de dólares en ingresos: el juego de Monopoly de McDonald's. Este juego es una estrategia de gamificación donde los clientes reciben etiquetas cada vez que compran algo en McDonald's. Las etiquetas podían ser usadas de dos maneras. La primera, podían ser usadas para completar un tablero de Monopoly, y mientras más completo estuviese, más oportunidad tenías de ganar un premio. La segunda, ciertas etiquetas por sí solas concedían recompensas y regalos como hamburguesas y bebidas gratis.

Para muchos se volvió una obsesión tratar de completar los tableros de Monopoly u obtener los premios gratis; lo que podía ser logrado simplemente gastando un poco más en McDonald's. El resultado que McDonald's deseaba era claramente incrementar sus ingresos y, al hacer que las personas se enfocaran en progresar en el juego de Monopoly, distrajeron a las personas del hecho de que estaban gastando mucho más dinero en McDonald's de lo que hubiesen gastado de otra manera. Las personas podían ver y saborear su progreso en el juego; visualmente a medida que iban completando sus tableros de Monopoly y a través del sabor porque literalmente obtenían bebidas gratis más o menos frecuentemente.

La comida gratis era una recompensa a corto plazo e inmediata que mantenía a las personas regresando a diario, mientras que la completación del tablero de Monopoly era una recompensa a largo plazo que mantenía a las personas regresando anualmente; le dio significado a toda la aventura. Tener ambas recompensas era crítico porque juntas abordaban el aburrimiento a corto plazo y la falta de refuerzo positivo a largo plazo.

Debido a la estrategia de gamificación, las personas ignoraron el hecho de que esencialmente estaban gastando mucho en McDonald's por una recompensa muy poco tangible; la recompensa era avanzar en el juego como tal. En el 2010, McDonald's incrementó sus ventas un 5.6% en los Estados Unidos solamente usando esta estrategia. Es similar a cómo los juegos en un carnaval pueden ser tan rentables. Las personas pagan una suma para lanzar pelotas y derribar una pirámide de latas por un precio que vale menos de un dólar. Pero, no se trata del valor del premio, sino de lograr la meta de derribar la pirámide.

No se trata del sufrimiento de aprender, se trata del juego y tu propio progreso. Todo lo demás se vuelve secundario, pero, aunque no es tu preocupación principal igual ocupará una parte de tu ancho de banda mental. Ese dulce sentimiento de avanzar al siguiente nivel es una gran recompensa psicológica. La anticipamos, luego la sentimos, y luego inmediatamente buscamos más al tratar de subir de nivel una vez más. Es adictivo.

¿Cómo puedes gamificar tu aprendizaje y crear incentivos a corto y largo plazo? No es necesariamente darte niveles y medallas a ti mismo, ya que eso no funciona realmente de la misma manera cuando es autogenerado. Esto puede variar de persona a persona, y podrían ser más efectivo involucrar a otros. Uno de los mejores ejemplos es algo que yo personalmente he experimentado en forma de monitor de entrenamiento.

Muchos gimnasios de CrossFit usan una aplicación móvil llamada SugarWOD para registrar estadísticas del nivel de cada entrenamiento. Solo el acto de ingresar esta información al final del entrenamiento es motivador. Además, es una plataforma social que permite a los usuarios ver y dar valoraciones a los entrenamientos de los amigos. Incluso hay niveles estandarizados de desempeño para que puedas comparar tus entrenamientos con los de otras personas y ver como se diferencian. Finalmente, monitorear el progreso ascendente es increíblemente gratificante y motivador. Quizás la presión social es un buen motivador para aprender.

Naturalmente, hay ocasiones cuando la gamificación es menos apropiada; incluso la persona más entusiasmada y competitiva se aburrirá pronto de los puntos, medallas y niveles si ven que no se relacionan con algo real. La gamificación es una herramienta increíble para motivarte a ti mismo a disfrutar lo que ordinariamente sería un trabajo duro; pero nunca puede reemplazar la necesidad de decidirte por una meta que de verdad valga la pena. Por otro lado, si puedes combinar una meta que valga la pena con la gamificación ocasional obtienes lo mejor de ambos mundos.

En un mundo ideal, aprender por cuenta propia sería lo que nos motive a todos. ¿No es un sentimiento maravilloso estar enriquecido y ser conocedor de las costumbres del mundo? ¿No es una pena que haya habido tantos libros escritos en la historia de la humanidad y que, incluso si dedicas todo tu tiempo libre a leer, no impactarías ese número?

Bueno, entonces no habría necesidad de libros como este. Aprender es más efectivo cuando no tienes que pensar sobre el acto de aprender.

Enseñanzas

- Una forma infalible de mejorar tu aprendizaje es actuando de manera que no se sienta que estás aprendiendo en lo absoluto. Cuando haces que el aprendizaje sea secundario, como al hacer que tu adquisición de una habilidad o conocimiento sea un efecto secundario de alguna otra tarea que no puedas evitar sino dejarte llevar por ella, aprendes más rápidamente y más fácilmente.

- Es más probable que alcancemos nuestras metas específicas cuando somos motivados por un deseo más profundo y extenso de entender lo que estamos aprendiendo. Existen seis facetas de entendimiento y todas van más allá de lo superficial.

- Podemos ser motivados por la **explicación** (¿por qué ocurre XYZ?), la **interpretación** (¿cómo pueden estos datos ser cambiados de la forma X a la forma Y?), la **aplicación** (¿qué puedo realmente *hacer* con este conocimiento?), la **perspectiva** (¿de qué otra manera puedo ver esto?), la **empatía** (¿cómo lo está viendo otra persona?), y el **autoconocimiento** (¿quién soy?).

- Si podemos acceder a nuestra motivación más poderosa para entender el material frente a nosotros relacionado con nuestra motivación, somos más capaces de encontrar energía, entusiasmo y comprensión para nuestros estudios.

- El aprendizaje basado en la resolución de problemas es una manera en enfocarse en la aplicación de conocimiento del mundo real. Esto nos involucra en el mundo práctico de problemas y soluciones, causa y efecto. Nos volvemos ensimismados porque queremos seguir adquiriendo dominio y habilidad.

- La gamificación es una manera de hacer que el aprendizaje sea divertido y casi accidental. La gamificación usa principios de juegos en un contexto para nada relacionado con juegos. Los juegos funcionan mejor cuando las reglas están claras, hay una progreso obvio y lineal desde el paso a paso y las recompensas son inmediatas y proporcionales. La gamificación es genial para complementar una motivación agotada, y hacer que el estudio diario sea más divertido y placentero. Sin embargo, no puede reemplazar por completo una motivación u objetivo más profundos.

Capítulo 5: enseñando para aprender

Podrías preguntarte por qué un libro sobre aprendizaje incluiría un capítulo sobre enseñar. En vez de decir que la enseñanza y el aprendizaje son opuestos, se puede decir que son realmente dos aspectos del mismo proceso; al entender ambos, obtenemos una apreciación más completa que si hubiésemos examinado el tema desde un solo lado.

Existe un valor inesperado en observar cómo otros sintetizan la información.

Primero, verás cómo alguien más aprende y absorbe información. Algunas veces puedes literalmente ver cómo se ilumina el rostro de alguien cuando *entiende*, y no existe logro pequeño en el proceso de aprendizaje.

Segundo, verás cómo el acto de enseñar mejora el aprendizaje del profesor. Al observar cómo las personas sintetizan información, puedes mejorar cómo lo haces *tú*. Entender ambos lados de la moneda es un ejercicio útil. Esto, por supuesto, es el proceso de enseñar a otros para que te ayuden a aprender. Este capítulo es sobre cómo el aprender para enseñar a otros de manera efectiva es un gran método de aprendizaje en sí; y una buena habilidad para poseer en general.

La pirámide de aprendizaje
La infame pirámide de aprendizaje, también llamada "cono de experiencia", aclara por qué ser capaz de enseñar es vital. De hecho, mucho de lo que hablamos gira en torno al espectro de un aprendizaje más pasivo como menos útil y más activo como más impactante. Esto es lo que abarca la pirámide de aprendizaje.

Algunos podrían tomarlo como la pura verdad, pero los números son mejor si son vistos como lineamientos aproximados. Sin embargo, siguen mostrando los diferentes resultados de nuestras actividades de aprendizaje, como lo retienen los aprendices:

- 90% de lo que aprenden cuando enseñan a alguien más o usan sus habilidades inmediatamente.

- 75% de lo que aprenden cuando practican lo que aprendieron.

- 50% de lo que aprenden cuando participan en discusiones grupales.

- 30% de lo que aprenden cuando ven una demostración.

- 20% de lo que aprenden por medios audiovisuales.

- 10% de lo que han aprendido leyendo.

- 5% de lo que han aprendido de una lección.

Estos números no son exactos o necesariamente probados. Como con muchas teorías o módulos modernos de información, la pirámide de aprendizaje enfrenta su parte de inconformistas. Sin embargo, *sí* muestra una tendencia general que es cierta: mientras más involucrado estés, más aprendes. Más activo y más deliberado es mejor.

Sin duda alguna, enseñar es uno de los tipos de interacción más participativos y *no pasivos* con nueva información que podemos tener. Así como la autoexplicación y la técnica de Feynman, enseñar a alguien no solo afianza información en tu mente, te obliga a ver lo que realmente puedes explicar y lo que no. Enseñarte a ti mismo está bien, enseñar a otros es incluso mejor.

Enseñar expone las brechas en tu conocimiento. Tener que instruir y explicar no te permite esconderte detrás de generalizaciones. "Sí, sé cómo funciona todo eso. Por ahora lo saltaré". Eso no funcionará si le estás explicando un proceso a alguien más; tienes que saber cómo funciona cada paso y cómo cada paso se relaciona con el otro. También estarás obligado a responder preguntas sobre la información que estás enseñando y a poner en orden las relaciones exactas entre las ideas.

Tener que explicar lo que está pasando es esencialmente una prueba de tu conocimiento y lo sabes o no lo sabes. Si no puedes explicarle alguien cómo repetir algo que estás enseñando, entonces tú realmente no lo sabes. Por la razón que sea, es más fácil creer que entiendes algo mejor hasta que eres obligado a probarlo.

Tomemos la fotografía como un ejemplo. De acuerdo con la pirámide de aprendizaje, lecturas y lecciones combinadas toman hasta un 15% de tu conocimiento retenido, lo cual tiene sentido: solo puedes aprender una ínfima cantidad de información sobre fotografía de un libro de texto o un facistol. La ayuda audiovisual y ver demostraciones de cómo se ven ciertos ángulos, cómo usar computadoras para filtrar una copia son formas más útiles de aprender a tomar y procesar ciertas fotos. Un grupo de discusión sobre fotografía desbloquearía más ideas recordables y, por supuesto, pasar tiempo practicando la toma y desarrollo de fotos logra impresiones sólidas en tu experiencia.

Ahora bien, examinemos la parte inferior (o superior, dependiendo de tu vista) de la pirámide en relación a enseñar a otros. Estás reforzando el conocimiento básico y explicando los principios, tipos y lineamientos generales de la fotografía. En teoría, estás supervisando todos los segmentos superiores (o inferiores) de la pirámide para estudiantes y usando tu conocimiento del proceso de fotografía como poste indicador para todos ellos. Y esto ni siquiera incluye el tiempo de preinstrucción cuando te estás preparando para tu propia clase.

Todas esas actividades de aprendizaje son agentes activos que recurren a lo que ya sabes y, ¿recuerdas cuando dijimos que consigues más de *sacar* algo de tu cerebro que *introduciendo* algo? Eso es exactamente lo que está pasando con ese nivel del 90% de la pirámide. Estás extrayendo activamente tu conocimiento previamente aprendido, enviándolo, y remodelándolo para que otros entiendan y aprendan. A cambio, eso refuerza lo que sabes y profundiza tu experiencia en el proceso.

Es común que incluso te sorprendas a ti mismo y encuentres conocimiento adicional al explicar y razonar en voz alta de una manera que simplifique y condense. Poner conceptos vagos en palabras e imágenes concretas pueden a menudo tener un efecto clarificador sobre *tu* entendimiento, sin mencionar el de tus estudiantes. Enseñar te obliga a crear piezas de información pequeñas y a enseñar la réplica; una tarea que puedes encontrar mucho más diferente que explicar teorías o conceptos.

El efecto protégé
"Enseñar para aprender" no es un concepto radical ni particularmente innovador. En el campo de la educación, ya es reconocido como una de las mejores maneras de aprender. Pero, existe otro elemento sobre por qué enseñar puede ser tan útil para el profesor.

Estudios recientes han dado lugar al surgimiento de algo que los investigadores llaman el "efecto protégé". Este proceso demuestra que las personas que enseñan a otros trabajan más duro para entender, recordar y aplicar material de manera más precisa y efectiva. Hay algo en el trabajo requerido para extender tu conocimiento y entendimiento hacia otra mente que te vuelve más creativo, empático y de mente más amplia. Los tutores en general por consiguiente consiguen mejores puntuaciones en pruebas que sus contrapartes no tutoras. ¿A qué crees que se deba esto?

Para incrementar la utilidad de este efecto, los científicos han desarrollado pupilos virtuales para que los estudiantes enseñen. Estos estudiantes virtuales son conocidos como "agentes enseñables". Los investigadores de la Universidad de Stanford, la cual es como un invernadero de este tipo de tecnología, explica agentes enseñables de la siguiente manera:

"Los estudiantes enseñan a sus agentes al crear un mapa conceptual que sirve como el "cerebro" del agente. Un motor de inteligencia artificial permite que el agente responda de manera interactiva las preguntas que se le plantean al atravesar los enlaces y nodos en su mapa. A medida que el agente razona, también anima el camino que sigue, proporcionando así una valoración, así como un modelo de pensamiento visible para los estudiantes. Los estudiantes pueden entonces usar la valoración para revisar el conocimiento de su agente (y, consecuentemente, su conocimiento)".

Los estudiantes que trabajan con un agente enseñable están por ende en el lado opuesto de donde usualmente están en el típico paradigma de enseñanza; en lugar de ser estudiantes, son el profesor. Los agentes enseñables sirven como modelos de estudiantes, y como con todos los estudiantes activos, pueden hacer preguntas e incluso dar respuestas erradas. Las pruebas han mostrado que los estudiantes usando los agentes enseñables superan con creces a sus compañeros que solo han estudiado por su cuenta, sin tener a los agentes enseñables como fuente de retroalimentación.

Los científicos de Stanford estudiaron los efectos de los agentes enseñables sobre estudiantes de biología de octavo grado. A algunos estudiantes se les pidió que aprendieran conceptos biológicos para que pudieran enseñarles a los agentes enseñables. A resto se les pidió que desarrollaran un mapa conceptual en línea para demostrar cómo estaba organizado su entendimiento de los conceptos. Los resultados mostraron que los estudiantes que trabajaron con los agentes enseñables pasaron más tiempo abordando el concepto y mostraron más motivación para aprender. De manera sencilla, los estudiantes pusieron mayor esfuerzo en aprender para "enseñar" a sus agentes enseñables sobre esfuerzo puesto para ellos mismos. Sintieron la responsabilidad más allá de ellos mismos, y esto hizo que se esforzaran un poco más en cuanto a su experiencia. ¡Los protégé dependen de ti!

Los científicos en Stanford le atribuyeron tres factores al poder del efecto protégé:

Protector de ego: esto es como un escudo psicológico que permite a los estudiantes examinar el fracaso sin sentir los sentimientos negativos que típicamente produce. Esta puede ser una fuerza metacognitiva poderosa ya que los estudiantes son más propensos a reflexionar sobre su aprendizaje sin el pinchazo emocional de la decepción. Es casi como un curso intensivo para cultivar la mentalidad de crecimiento aceptando el fracaso productivamente.

Visión de inteligencia incrementalista: cuando el proceso de aprendizaje es dirigido externamente para apoyar el aprendizaje de alguien más, los estudiantes pasan más tiempo examinando su propio entendimiento. Esto ayuda a los estudiantes a ver cómo el revisar y repasar su conocimiento puede impactar su propio aprendizaje.

Sentido de responsabilidad: enseñar a otra persona o, en este ejemplo, al agente enseñable virtual, motiva a los estudiantes a tener más control sobre su propio proceso de aprendizaje. Cuando se dan cuenta que lo que dicen será absorbido por otra unidad pensante, son más meticulosos sobre la información correcta para comenzar. El aprendizaje siempre va a ser más efectivo cuando adoptamos una actitud de consciencia y control activo sobre el proceso, lo cual es algo que los profesores son impulsados a hacer naturalmente.

No todos los que somos profesores o tutores tenemos la oportunidad de compartir nuestro conocimiento directamente con estudiantes dispuestos. Sin embargo, gracias nuevamente al milagro de la tecnología, puedes encontrar una plétora de sitios en línea con paneles de mensajes o foros, todos llenos de preguntas que puedes responder (o al menos *encontrar* la respuesta a las preguntas).

Un buen sitio para comenzar, a pesar de su naturaleza un poco revoltosa, es Quora.com, donde los usuarios simple y literalmente hacen preguntas a la conciencia colectiva del Internet. Muchas preguntas son bastante generales, y algunas sirven de carnada para los troles o fanáticos, pero son filtradas fácilmente y te quedan un montón de consultas genuinas buscando respuestas serias. Una manera buena y casi graciosamente rápida de compartir información con otros; y lo que es más importante, te permite cosechar las recompensas del efecto protégé y aprender mejor.

Otorga una buena valoración

Cuando aprendemos con la intención de enseñar, desglosamos el material en partes pequeñas y entendibles para nosotros mismos. También somos forzados a examinar el tema desde un punto de vista más crítico y razonable para mejorar nuestra comprensión. Debemos ser capaces de separar acciones, comportamientos y pensamientos y de conducir a las personas por los caminos correctos. Debemos tener en mente la meta más amplia, incluso mientras abordamos los pequeños detalles y tareas en el camino.

Proporcionar valoración es un aspecto clave en este sentido, ya que sirve para regular y dirigir el procesamiento de aprendizaje. También te impulsa a trabajar en proporcionar valoraciones honestas, productivas y útiles. Pero, no toda la valoración se crea de igual manera; una valoración pobremente considerada puede ser tan inútil como el criticismo o los ataques, resultando solo en ansiedad o sentimientos negativos. Existen un par de puntos que son importantes en el acto de proporcionar una valoración beneficiosa:

Sé específico: los profesores de la Universidad de Auckland, Helen Timperley y John Hattie, enfatizan la importancia de dar a los aprendices información bastante específica sobre lo que están haciendo bien o mal. Generalidades como "¡buen trabajo!", no contienen mucha información valiosa sobre lo que el aprendiz hizo bien; mientras que una vaga afirmación como "aun te falta un poco" no proporciona aporte alguno sobre cómo el estudiante puede hacerlo mejor la próxima vez.

Por consiguiente, los investigadores sugieren tomar un par de minutos extra para proporcionar a los aprendices información sobre lo que hicieron bien *exactamente* y dónde deberían mejorar. Nombra los pasos que lograron la mayor impresión sobre ti: "me gustó lo directo y ordenados que estuvieron tus cálculos", "tuviste un control real de los hechos en esta historia", o "parecías un poco ansioso cuando hablabas de los números, pero eso puede ser arreglado". También puede ser de gran ayuda decirles a los aprendices lo que están haciendo de manera diferente a antes.

Mientras más pronto mejor: la valoración siempre es más efectiva cuando es proporcionada lo más inmediato posible, en lugar de días, semanas o meses después. Un estudio que comparó la valoración retrasada con las inmediatas demostró un incremento significativo en el desempeño de aquellos que recibieron una evaluación instantánea. Otro proyecto de la Universidad de Minnesota demostró que los estudiantes que recibieron muchas valoraciones sin retrasos fueron capaces de entender mejor el material que acababan de leer.

La valoración retrasada crea una distancia psicológica entre el final de una actividad y el momento de aprendizaje, y ese lapso de tiempo solo puede debilitar el impacto de la valoración. Es mejor negociar con tu cronograma y proporcionar una valoración rápidamente para asegurarte de que las sugerencias y opiniones serán lo más comunicables y entendidas.

Ata la valoración a una meta: Timperley y Hattie notaron que una valoración efectiva a menudo está más orientada a logros específicos hacia los que avanzan los estudiantes. Tu valoración debe ser claramente entendida en términos de cómo ayudará a los estudiantes a progresar hacia su objetivo final. "Este ensayo debe ser una parte integral de tu proyecto final", "tu uso de capas se está acercando a una licencia de cosmetología", y así sucesivamente. Es alentador tener recordatorios de eso por lo que estás trabajando.

Sé cuidadoso: tu valoración tiene que ser proporcionada de una manera que anime y no desaliente. Algunas personas son mucho más sensibles que otras a las valoraciones negativas, y nunca hay punto en hacer que otros se sientas denigrados o avergonzados. Ofrece una valoración de manera que no haga que las personas teman escucharla.

En otras palabras, algunas veces tendrás que endulzar tu respuesta. No es fácil caminar la línea entre lo honesto y lo útil. En momentos de proporcionar valoración, trata de imaginar cómo querrías escucharla si estuvieses en un estado de confianza moderada.

Necesitarás practicar un poco la sensibilidad y el tacto, pero también tener suficiente imaginación para considerar dónde está realmente tu estudiante y que sería mejor que escuchara. Su personalidad, edad, tema y nivel de dominio, todo te ayuda a decidir cómo encarnas tu valoración.

La valoración positiva estimula los centros de recompensa del cerebro, dejando al recipiente abierto para aceptar una nueva dirección. Por otro lado, la valoración negativa indica que deben hacerse ajustes e implica que el esfuerzo inicial no fue satisfactorio, lo que activa los instintos defensivos.

Esto no significa que tienes que evitar la valoración negativa o correctiva por completo. Solo asegúrate de que la presentas de manera respetuosa y sugiere soluciones y resultados. "Estoy consciente de que tienes problemas con esta parte de la lección, pero estoy seguro de que tienes los recursos para abrirte camino", o "los errores son parte de este proceso y todo el mundo los comete; y hemos llegado al otro lado del camino completamente bien".

La valoración es una excelente oportunidad para modelar para tu estudiante la actitud óptima ante el fracaso o desafío. Cuando comunicas que el aprendizaje es placentero y que cometer errores o estar "en una curva de aprendizaje" es normal e incluso deseable, entonces motivas lo mejor de estudiante; y aprendes a hacer lo mismo para ti.

Finaliza con un plan: Al final de tu sesión de valoración, asegúrate de que hay un plano de pasos ejecutables con los cuales avanzar. Sin ellos, no hay un objetivo real de tu valoración. Un plan para poner tus lineamientos en movimiento crea una resolución positiva e incluso optimista que ambas partes pueden anhelar. Por ejemplo, "ahora que has llegado hasta aquí, vayamos más despacio hacia la siguiente propuesta y comparemos cada parte con nuestro criterio".

Consiguiendo valoraciones de otros

Finalmente, ¿qué hay de nosotros? La expectativa de escuchar una valoración puede ser una fuente de estrés, por lo cual puede ser difícil pedirla. Sin embargo, mientras más tomemos la iniciativa y pidamos una valoración, menos estresante se vuelve. Yendo más allá, si pedimos una valoración honesta, generosa o incluso negativa ("vamos, dímelo a la cara"), los estudios muestran que tenemos una mayor probabilidad de conseguir una satisfacción personal y una habilidad para adaptarnos más rápidamente a nuevos roles y responsabilidades.

Antes de pedir una valoración, pregúntate qué tipo de valoración estás buscando. ¿Estás buscando apreciación, evaluación de un proyecto o a un mentor o entrenador dispuesto a ayudarte? No dudes al hacer preguntas directas sobre tu papel; de hecho, ser específico y hacer solicitudes tipo "¿qué hago para mejorar en esta área?", o "¿cómo podría haber manejado esto de manera diferente?" atraviesa las nubes de incertidumbre y va directo a algo real y útil.

No temas pedir una valoración demasiado pronto. De hecho, así como el profesor no debería esperar para dar una valoración hasta días después de que es útil, tampoco debemos retrasar el conseguirla. Pide una valoración lo más cercana al tiempo real posible.

Finalmente, amplía tu grupo de respondedores. Mientras solicites una valoración a más amigos, colegas o conexiones en línea, mayor será la probabilidad de que seas capaz de formar una respuesta realmente objetiva a partir de una multitud de perspectivas. Si hay algo en lo que todo el mundo está de acuerdo, ¡es querer que sus opiniones sean escuchadas!

A menudo pensamos en los profesores en términos elevados; lo que es justo, ya que la educación es una profesión noble, pero los mejores profesores te dirían que aprenden casi tanto de sus estudiantes como los estudiantes aprenden de ellos. Enseñar significa trabajar con una multitud de personalidades, analizar problemas y entender a través de la empatía. Los descubrimientos que haces a través de ese proceso pueden ser tan profundos como cualquiera que aprenderás como estudiante. Incluso si no planeas convertirte en un educador, los beneficios de *pensar* como uno son igual de accesibles para ti.

Procesamiento profundo de la información

Mientras más participemos e interactuemos con datos, mejor los entenderemos y mejor los recordaremos. El procesamiento profundo de información se trata de asegurar que tenemos más que una simple conexión superficial con la nueva información que queremos dominar y podemos movernos de manera efectiva hacia el entendimiento.

Considera el siguiente ejemplo: alguien te da una lista de artículos aleatorios y te pide que la leas y trates de recordar tantos artículos como puedas. Ahora, imagina que la misma lista es ofrecida nuevamente, pero esta vez cada artículo forma una parte de una historia, con un comienzo y final, y con cada artículo jugando un papel en particular. ¿En cuál situación crees que serás capaz de recordar más? Obviamente en la segunda, donde se te cuenta una historia sobre los artículos.

Un estudio hecho por Giulia Galli para el semanario *Fronteras de la Psiquiatría* explica por qué: cuando se trata de la memoria y la recuperación de datos, el cerebro favorece las "operaciones semánticas" por encima de las "operaciones superficiales"; lo que simplemente quiere decir que recordamos mejor la información y la entendemos más cuando dicha información tiene un significado atado. Los neurocientíficos han investigado las maneras en las que los nuevos datos son "codificados" en el cerebro. Cuando tratas de almacenar información aleatoria o neutral en base a su estructura y características y nada más (por ejemplo, tratar de memorizar una cadena aleatoria de letras), la memoria no está codificada tan profundamente como cuando la procesas de una manera más significativa (por ejemplo, aprender no solo la cadena de letras, sino letras que forman palabras que realmente signifiquen algo para ti).

Al ver imágenes del cerebro durante diferentes tipos de aprendizaje, los neurocientíficos han descubierto que existen de hecho diferentes niveles de entendimiento, y los más profundos son los más efectivos. Esto significa que cuando aprendes bien, en realidad estás captando un sistema cognitivo completamente diferente e incluso diferentes regiones del cerebro. ¿Alguna vez has estado estudiando y sentido que la información "entra por un oído y sale por el otro"? Bueno, esto podría ser precisamente lo que estaba pasando; la codificación superficial estaba fallando al solidificar el aprendizaje en tu cerebro. Sin un entendimiento más profundo del significado de los datos, los datos "no quedaron".

Entonces, el aprendizaje (y especialmente la memoria) no se trata tanto sobre cómo recuperas y recuerdas datos, sino cómo los codificas y almacenas en tu cerebro al encontrarlos en primer lugar. Generalmente, el conocimiento nuevo que está conectado con información que ya posees "se queda" con más frecuencia; y también el conocimiento que se conecta a otro conocimiento; como de manera narrativa o secuencial.

Mientras más partes de tu cerebro interactúen con los nuevos datos, más meticulosamente serán codificados esos datos. Por ejemplo, cuando prestas atención a una escena con los cinco sentidos, y también participas con tu respuesta emocional, es más probable que la recuerdes. De manera similar, cuando puedes entender la *aplicación práctica* de los nuevos datos y su *significado*, es naturalmente más fácil acceder a ellos en tu cerebro luego que si fueran datos aleatorios que realmente no entendiste tan bien.

Para dominar el procesamiento profundo de información, debes entender y usar la metacognición. En esencia, todo este libro es un ejercicio de metacognición, lo cual es simplemente el acto de pensar sobre tu propio pensamiento. Mirando de cerca, la metacognición es descrita de manera más precisa como una autorregulación cognitiva. Es nuestra habilidad no solo para estar conscientes de cómo estamos pensando, sino de entender y controlar nuestros métodos de aprendizaje de acuerdo a nuestros propios objetivos.

Si puedes ver datos con un entendimiento de cómo y por qué los procesas de la manera en que lo haces, entonces tienes algo de alcance para cambiar y darle forma a ese proceso; te vuelves un participante activo en tu propio aprendizaje. Te sientes con más confianza a cargo de tu aprendizaje, tienes una mejor idea de a dónde vas y por qué, y puede evaluar tu progreso y hacer ajustes en el camino. En esencia, te vuelves tu propio profesor.

Veamos más de cerca. La metacognición es realmente un proceso dividido en dos. Primero, tratas de observar y entender lo que tu cerebro está haciendo. Segundo, tratas de controlar, regular y darle forma a lo que tu cerebro está haciendo. Como puedes ver, no puedes hacer lo segundo sin lo primero; para hacer cambios, necesitamos un entendimiento amplio de lo que estamos cambiando. *La autorregulación siempre comienza con el autoconocimiento.*

Parte 1: aprender sobre el aprendizaje. ¿Qué influye en tu experiencia de aprendizaje? ¿Qué estrategias existen para el aprendizaje y cuáles son las mejores para situaciones específicas? ¿Cómo aprender de manera única? ¿Cuáles son tus fortalezas y debilidades?

Parte 2: regula tu aprendizaje. ¿Cuáles son tus metas más amplias? ¿Cómo puedes lograrlas? ¿Qué planes puedes hacer, dado lo que ya sabes sobre ti mismo? ¿Qué estrategias estás usando y que tan bien están funcionando? ¿Puedes hacer ajustes para hacerlo mejor?

En el aprendizaje profundo, pasamos por un ciclo continuo entre la parte uno y la parte dos. A medida que aprendemos cómo pensamos, ideamos maneras para regular ese pensamiento, y a medida que observamos los efectos de esa regulación, nuestro aprendizaje y pensamiento se expanden y cambian, y comenzamos nuevamente con algo fresco para observar y regular.

La metacognición es como acercar y alejar el zoom, alternando entre dos modos: pensar y la observación de ese pensamiento. Primero pensamos, luego nos alejamos y nos observamos a nosotros mismos pensando, tratamos de entender el proceso e interpretamos lo que vemos. Hacemos zoom nuevamente y repetimos. Es como si tuviéramos no una mente, sino dos; una mente que trabaja en el mundo de los datos y otra mente que mira y regula la primera mente, y observa no los datos, sino la manera en que los datos son procesados.

Suena complicado, pero probablemente hagas uso de la metacognición más a menudo de lo que crees. Un par de ejemplos harán que el concepto esté más claro. Digamos que estás enfrentando algún curso complicado que está el límite de tu entendimiento. Te detienes cada cierto tiempo para notar algo interesante: que cada vez que encuentras un diagrama en el libro de texto, te atrae y lo estudias de cerca, mientras que te aburres con los sólidos párrafos de texto alrededor.

Te das cuenta de tu propia atención, es decir: metacognición. Te preguntas si tendrías un rato más fácil si más del material estuviese en forma de diagrama. Así que buscas estos diagramas o haces los tuyos (cognición) y luego revisas lo bien que estás reteniendo y entendiendo el material (metacognición). Con estos dos procesos, no solo mejoras al entender el material que tienes frente a ti, sino que te vuelves experto al manejar tu propio proceso de pensamiento, ¡la principal de las habilidades transferibles!

Mientras que la metacognición se trata de hacerte preguntas de ti mismo (p. ej., cómo piensas), también podemos hacer preguntas del contenido como tal. El famoso físico Heisenberg afirmaba que "lo que vemos no es la naturaleza como tal, si la naturaleza expuesta a nuestro método de hacer preguntas". Heisenberg entendió que las preguntas están en la raíz de todo el entendimiento y aprendizaje profundos.

Es un cambio en la perspectiva, ver el aprendizaje como una búsqueda de mejores *preguntas* y no mejores *respuestas*. Pero, este cambio de perspectiva te motiva a aprender en un nivel más profundo. Te recuerda que avanzamos en conocimiento cuando participamos directamente con lo desconocido, en lugar de trabajar de manera prematura a partir de suposiciones y conocimientos almacenados. La calidad de nuestras preguntas determina la calidad de nuestras respuestas, lo cual es más o menos de lo que trata el aprendizaje.

Sí, sé que tus profesores te dijeron que "no hay tal cosa como una mala pregunta". Aunque es cierto que ser ignorante y pedir una explicación nunca es algo por lo que estar avergonzado, algunas preguntas en serio son mejores que otras. Digamos que eres un naturalista caminando un día y te encuentras con una flor misteriosa. Podrías simplemente preguntarle a un amigo conocedor qué es la planta y eso estaría bien, ya que te daría una respuesta y luego tú tendrías un nuevo conocimiento.

Pero, es un proceso completamente diferente cuando comienza con las *preguntas*. ¿Qué puedes ver frente a ti? ¿Cómo se parece esta planta a otras que conoces? ¿Cuáles son sus características? ¿Qué sabes de esta área y el lugar donde está creciendo la planta, y qué te dice del tipo de planta que es? ¿Qué hay de la temporada y las plantas creciendo alrededor? Incluso si tu amigo te dijo qué planta era, podrías haber ido más allá y preguntar ¿cómo lo sabe? ¿*Cómo* distingue esta planta de una muy similar?

Tener respuestas es una situación fija y estática. Sin embargo, si el juego cambia, nuestras respuestas podrían ya no servir. Y si no entendemos realmente por qué tenemos esas respuestas o su significado, nuestro entendimiento de ese conocimiento es poco convincente. De hecho, estamos en una mejor posición cuando sabemos poco, pero estamos equipados con las herramientas para entender, indagar y analizar. Es más fácil entonces encontrar nuevas respuestas, si es necesario.

¿Qué hace una buena pregunta?

Una buena pregunta es como una herramienta; te ayuda a hacer cosas o tomar acción. Amplía tu alcance y tu entendimiento. Una buena pregunta abre ideas para ti para que puedas ver qué hay dentro. Una buena pregunta hace que el pensamiento fluya, se mueva, se expanda y, con suerte, llegue a una respuesta esclarecedora. Una mala pregunta solo reprime el pensamiento, apaga tu mente o te envía por un camino irrelevante.

En un aula de clases, un profesor usa cuidadosamente solo las preguntas correctas en el momento correcto para estimular el proceso de aprendizaje de los estudiantes. Las preguntas guían su entendimiento, desafiándolos y enfocando su conocimiento en las cosas que todavía tienen que entender. Captan el problema de adentro hacia afuera, ven por qué todo se une de la manera en que lo hace. Cuando estás aprendiendo por tu cuenta, es tu trabajo actuar con este papel de enseñanza contigo mismo, usando preguntas para facilitar y darle forma a tu proceso de aprendizaje.

¿Recuerdas estar en la escuela y tener al profesor haciendo una pregunta rara, solo para que la clase se sentara y tratara de adivinar lo que dicho profesor estaba pensando, preocupado de que dijeran algo estúpido? Estas preguntas eran malas preguntas, porque pusieron el conocimiento lejos de entender el contenido, y en las cosas que no importaban, por ejemplo, la vergüenza de estar "equivocado".

Cuando te haces preguntas a ti mismo mientras aprendes, debes asegurarte de no hacer algo por inercia como hacían estos profesores. Tus preguntas, siendo herramientas, deben tener una función, o de otro modo solo entorpecerán el camino o peor, impedirán activamente tu entendimiento.

Recuerda, tu pregunta no está allí simplemente para darte la "respuesta correcta", sino para inspirar tu aprendizaje y entendimiento. Debe guiarte en lugar de forzarte. Es una herramienta que permite la metacognición; así que, si sientes que tu pensamiento se está encogiendo en lugar de expandirse, no es la pregunta correcta. No quieres perder mucho tiempo en la formación o en responder estas preguntas; más bien, estás viendo a donde señala la pregunta. Si no está señalando nada más allá de ella misma, no es una gran pregunta.

Olvídate de cualquier línea de meta a la que te tienes prisa por llegar; olvídate del juicio y de estar bien o mal; olvídate de reducir cosas a un puñado de conceptos sencillos. Pon todo eso a un lado y solo mira lo que está frente a ti con la curiosidad de un científico. Una pregunta podría inspirar otra, síguela con interés y mira qué más abre esa pregunta para ti.

Mientras te haces preguntas a ti mismo, estas participando en un tipo de diálogo personal socrático, desarrollando tu propio conocimiento con palabras clave creadas internamente. Reformula ideas, dale vueltas en tu cerebro y permítete reflexionar. No des nada por hecho. Sigue preguntando por qué, y no tengas miedo a ver tus propias preguntas como el tema de consulta. Imagina, al inicio, que apenas estás conociendo el problema, como conociendo a una persona, y simplemente estás en un juego en lugar de un trabajo serio para llegar a una respuesta lo más rápido posible

Una indagación más profunda

Hazte preguntas antes, durante y después de tu proceso de aprendizaje. Crea un andamio de preguntas a tu alrededor para que el conocimiento pueda ser construido sobre una base sólida.

Preguntas para antes de comenzar a aprender

Naturalmente, las preguntas exactas que hagas se reducirán a tu situación única, y es probablemente lo mejor no depender mucho en preguntas preformuladas en cualquier caso. La magia viene de idear tus propias consultas. Pero, para comenzar, considera algunas de las siguientes.

Estás son preguntas de "¿qué?", preguntando sobre el panorama completo detrás de la lección en particular. ¿Qué sería su enfoque y qué sería su naturaleza? Algunas veces llegas lejos simplemente al preguntar el tipo de elemento que estás tratando de aprender. ¿Es más una habilidad/técnica o un conocimiento estático? Si es una idea, ¿qué tipo de idea es?

En todo lo nuevo que aprendemos, tenemos que formular lo que vemos en términos de lo que ya sabemos, esto es inevitable. ¿Qué conexiones puedes hacer entre lo nuevo y tu conocimiento preexistente? Observar nunca es neutral; cuando observamos, ya estamos interpretando, porque escogemos en qué enfocarnos y a qué restarle importancia. Entonces, pregúntate, ¿qué es lo más importante en el material? Desde tu perspectiva. Podrías tener que desglosar cosas y abordar unidades más pequeñas en secuencia. Si es así, ¿con qué unidad tendría mayor sentido comenzar?

Imaginemos que estás tratando de aprender sobre un nuevo evento histórico; tiene lugar en un período de tiempo con el que estás familiarizado, pero en un país del que no sabes mucho. Puedes preguntarte de manera deliberada "¿qué no entiendo todavía?", o "¿cuál es la esencia principal de este evento y cómo puedo descubrir más al respecto?".

Al hacer preguntas antes de comenzar, es como si estuvieses fijando una pequeña cerca alrededor del material que intentas aprender. Hacer buenas preguntas tiene una manera de ayudarte a fijar metas y trazar un mapa hacia adelante. Por ejemplo, podrías identificar lo que no sabes y luego fijar un curso para encontrar una manera de resolverlo. ¿Puedes seguir lo que otros han hecho? ¿Por qué o por qué no?

Las preguntas antes de aprender se tratan de orientarte a ti mismo; ¿qué sabes y qué no sabes? ¿Cuáles son tus recursos (¿referencias, profesores, otros estudiantes)? Y ¿cuáles son tus fortalezas y debilidades? Finalmente. Las preguntas antes de aprender sirven para contextualizar y añadir significado. Este es el gran PORQUÉ detrás de todo aprendizaje. ¿Cuál es el punto de la información que estás tratando de absorber? ¿Qué significa realmente para ti como persona y cómo encaja en tu mundo?

Hacer estas preguntas también te señala y ayuda a interpretar lo que viene hacia ti contra tus propios resultados deseados. Piensa sobre lo que harás con el conocimiento una vez lo tengas. Podrías también querer considerar si un acercamiento en particular es beneficioso realmente. Pregúntate directamente: ¿estoy abordando esto de la manera correcta? ¿De qué otra forma podría hacerlo?

Vuélvete curioso sobre cómo tu propia mentalidad y actitud están interactuando con el material. Usa tus habilidades de metacognición para darte cuenta cómo estás aprendiendo y busca la intriga para saber cómo puedes hacerlo mejor. Por ejemplo, ¿cuál es el efecto de creer que tu trabajo de contabilidad es aburrido e irrelevante? ¿Podría una actitud diferente hacer que las cosas fluyan con más facilidad y rapidez?

Preguntas para cuando estés aprendiendo

Tu aprendizaje nunca es pasivo. Una vez que has trazado un mapa y visto el robusto terreno que estás a punto de explorar, entonces partes, pero mantienes tus ojos abiertos y te mantienes con una menta abierta. Aquí, el nombre del juego es *percatación*. A medida que aprendes, da un paso atrás y toma nota de lo que está pasando.

¿Qué está funcionando y qué no?
¿Dónde estás teniendo dificultades y qué ideas están fluyendo bien?
¿Qué está capturando tu atención e interés?
¿Qué es inesperado?

Para la oreja y mira el material; si estás teniendo dificultad, trata de determinar si algo es confuso, complejo o simplemente nuevo. Algunas veces, nos encontramos con algo que no entendemos todavía y entramos en pánico, pensando que, si no lo entendemos ahora, nunca lo haremos. Algunas veces, damos un vistazo a algo y se ve muy difícil o confuso, pero en realidad solo es complejo y solo somos capaces de ver pequeñas partes de eso. ¡Esto no significa que no podamos entenderlo eventualmente!

Preguntar regularmente, "¿esto es nuevo, complejo o confuso?" es un hábito invaluable porque te alerta sobre qué hacer a continuación. Si algo es genuinamente confuso, pregúntate por qué, y qué estás haciendo para impulsar la confusión. Es como dar una caminata en un terreno extraño. Simplemente mira hacia arriba, pausa ocasionalmente y pregunta: "¿dónde estoy y cómo llegué aquí?" "¿Estoy más cerca de mi destino?" "¿Dónde está mi camino?".

A medida que aprendes, recuerda que estás haciendo preguntas no solo del material, sino de ti mismo también, es decir, estás practicando la metacognición. Cuando haces una variación de la pregunta "¿qué está haciendo mi mente en este momento?", te das a ti mismo la oportunidad de tratar algo diferente con ella. ¡Pregúntate qué preguntas podrías hacer!

Mira hacia donde se dirige tu atención, y nota los efectos de tus acciones. No se trata solo de conceptos intelectuales y cognitivos; pregúntate también sobre tus motivaciones, emociones y niveles de energía. Quizás te des cuenta que a medida que avanza la lección, te sientes con más y más confianza. ¿Por qué es eso? ¿Qué parte de la lección está impulsando este sentimiento y cómo puedes conseguir más?

O quizás te des cuenta de que te estás sintiendo desanimado ese día y eso está afectando tu mentalidad mientras tratas de resolver algunos problemas matemáticos. Sabiendo esto, ¿cuál es el mejor curso de acción? ¿Tomar un descanso quizás? Podrías pausar, volver cuando te sientas mejor y seguir con las preguntas; ¿las cosas se sienten más fáciles ahora? ¿Más manejables? Toma nota y recuerda eso la próxima vez.

A medida que progresas, tu aprendizaje se profundiza y tus preguntas continúan, ayudando a tejer una red más grande de entendimiento. Haz preguntas cuyas respuestas te ayuden a conectar lo que estás aprendiendo con lo que ya sabes. Pregunta de manera constante "¿cómo encaja esto en el panorama completo?" Mientras lees algo de literatura del siglo XVIII, pregúntate cómo el entorno político de ese momento probablemente influenció la trama. Mira si puedes darte cuenta de algún patrón en esa novela actual que se conecte con otras que has leído antes. ¿Qué han dicho otras hasta ahora sobre la manera en la que estos elementos encajan juntos? Si no lo sabes, ¿cómo puedes descubrirlo?

Una increíble pregunta para hacer de manera rutinaria mientras aprendes es "si yo fuese mi propio profesor, ¿qué me sugeriría?" Podrías sorprenderte con lo bueno que eres al facilitar tu propio proceso de descubrimiento si simplemente te das la oportunidad de realmente pausar y hacer las preguntas correctas.

Preguntas para después de aprender

Sería una pena terminar tu sesión de aprendizaje abruptamente, olvidando la mitad de lo que has abarcado y perdiendo la oportunidad de integrar y absorber todo el material nuevo que has encontrado. Las preguntas que haces después del aprendizaje son increíblemente importantes. En un sentido más amplio, ¿cómo crees que lo hiciste?

Trata de no ser muy crítico sobre tu progreso; es mucho más útil mirar objetivamente y con una mente abierta para ver lo que funcionó para ti y lo que no. Compara cómo te sentiste antes de la sesión de estudio y cómo te sientes ahora. ¿Sigue habiendo cosas que no entiendes del todo? Tomando una visión amplia, ¿qué parte de la lección fue la más importante?

En lugar de tratar de repetir mecánicamente lo que has aprendido, colócalo en contexto con tus metas más grandes y personales. ¿Qué puedes *hacer* con lo que has aprendido y cómo cambia tus metas? Por ejemplo, podrías darte cuenta que la manera en que la lección es presentada no encaja tan bien con tus intereses únicos, y que la próxima vez podrías querer cambiar el enfoque para que puedas seguir más de cerca lo que es más importante para ti.

Trata de capturar la esencia de dónde has estado y asegura ese conocimiento. Ponlo contra todo lo que ya sabes y toma el tiempo para familiarizarte con ello. Al mismo tiempo, comienza a preguntarte qué sigue; ahora que has completado esta pieza de conocimiento o habilidad, ¿con qué le puedes hacer seguimiento?

Al aprendizaje progresa paso a paso. Puede ser enormemente motivador un paso en el proceso y seguir al siguiente, sabiendo que de manera lenta pero segura estás construyendo un andamio para un conocimiento más completo. ¿Cómo puedes "subir de nivel" y desafiarte a ti mismo ahora? Al final de una sesión de estudio, pregúntate: ¿qué puedo hacer mañana, basado en lo que he aprendido hoy?

Revisar tu progreso no es solo un asunto práctico. Definitivamente quieres ver si tu acercamiento está funcionando, probar tu retención y evaluar si tu estilo de aprendizaje es lo más efectivo posible. Pero, también recuerda preguntarte cómo te sientes, y exactamente cómo tu aprendizaje te ha afectado, como persona, dado quien eres.

Hazte un favor y nota cuando te sientas emocionado, aburrido, ansioso, confundido, complacido y demás luego del aprendizaje. Nota cualquier cambio, no solo en la manera en la que te sientes, sino también cómo piensas y cómo te comportas. ¿Lo que aprendes te está haciendo una mejor persona en general o el tipo de persona que quieres ser? Claro que, los cambios serán muy pequeños día a día, pero ¿estás en la dirección correcta en términos generales? ¿Te gusta el camino en el que estás y las maneras sutiles en las que estás alterando tus rutas de pensamiento?

Una de las mejores preguntas que puedes hacer cuando te embarcas en una meta de aprendizaje es "¿qué pensaré de este proceso luego de 1, 5 o 10 años? ¿Será algo bueno? ¿Por qué?". Hacer esto podría parecer intenso, pero la verdad es que conectarte con tu objetivo más profundo y metas a largo plazo puede mantenerte enfocado y determinado en un camino que podría ser desafiante y que requiere una paciencia infinita. Sabiendo a dónde vas, puedes revisar constantemente tu camino y realizar ajustes según sea necesario, asegurándote de que siempre estás en control de tu propio desarrollo.

Ahora bien, cuando ves todas las posibles preguntas que puedes hacerte a ti mismo, antes, durante y después de una sesión de aprendizaje, podrías preguntarte cómo rayos encontrarás tiempo para eso. Sin embargo, las buenas preguntas no necesitan tomar mucho de tu tiempo o esfuerzo, y mientras más practiques el prestar atención de manera consciente a lo que estás haciendo, más fácil se volverá. No temas detenerte regularmente para ver dónde estás y cómo va el proceso. Podrías descubrir que de hecho eres más eficiente y rápido en tu aprendizaje de esta manera.

El método PQ4R

Terminemos este capítulo del libro con una mirada a un método común diseñado para ayudar a las personas a mejorar su habilidad básica de comprensión lectora, mejorar su memoria y salir mejor en exámenes. Aunque esta técnica fue originalmente usada por aquellos padeciendo dislexia y otros desafíos de aprendizaje, es igual de útil para todos los tipos de personas que quieran una manera más estructurada y eficiente de abordar su lectura al aprender. Puede mejorar tu comprensión en general y te permite desarrollar un entendimiento más sofisticado y rico de lo que lees y absorbes.

Las siglas **PQ4R** significan: **anticipar** (**p**review), **preguntar** (**q**uestion), **leer** (**r**ead), **reflexionar** (**r**eflect), **repetir** (**r**ecite) y **revisar** (**r**eview).

Echemos un vistazo más de cerca a cada paso. Primero, **anticipar** es bastante parecido al primer paso en otros acercamientos que hemos explorado, en que se trata de leer por encima y escanear títulos, encabezados y posiblemente imágenes importantes, ilustraciones y otros datos como tablas.

No te sumerges de inmediato, pero consigues una idea al ver la estructura general de la pieza frente a ti y tratar de captar el tema. Si lees una historia que principalmente gira en torno a la investigación de un científico en particular, por ejemplo, podrías ser capaz de mirar por encima y ver sus objetivos, los métodos y las conclusiones a las que llegó, de una manera muy general.

Mira no solo el tema principal, sino también el lenguaje que es usado, el autor de la pieza, y su contexto y motivación para escribir lo que escribió. Nota incluso, si puedes, las cosas que de manera deliberada *no son* mencionadas y por qué. Puedes hacer uso del siguiente método:

- Al **leer el título**, busca cuál es el tema principal, ¿cómo se conecta a capítulos o piezas previas y subsecuentes, y a tu estudio en general? ¿Y dice algo sobre la posición del autor? Por ejemplo, puedes suponer que el autor que escribió "El colonialismo oculto de la inversión GMO en India" probablemente tendrá una opinión crítica sobre las consecuencias económicas, políticas y financieras en el campo, en lugar de extenderse en temas de conservación o los detalles científicos.

- **Lee el párrafo de apertura** y hazte un par de preguntas; preguntas con las que puedes prepararte y responder mientras lees.

- Al **llegar a la introducción**, lee cualquier sección inicial o resumen en cursiva o párrafos de la introducción y haz una pausa para ver lo que ya sabes y las posibles brechas que hay en tu entendimiento. Para regresar a nuestro ejemplo, quizás sabes un poco sobre los enormes cambios ocurriendo en la industria agricultora en otros países, pero no en India específicamente.

- Observa **cada primera oración en un párrafo** y mira si puedes comenzar a captar el argumento general o estructura lógica de toda la pieza.

Podrías darte cuenta que las piezas comienzan con un poco de trasfondo e historia, luego se mueve a una anécdota de un pueblo en particular en India, luego habla de alguna nueva legislatura y actual controversia, finalmente termina con alguna evidencia que apoya la posición del autor; que los desarrollos son una mala idea en general, por decir algo.

- Echa un vistazo a **los elementos visuales y vocabulario,** imágenes, fotos, diagramas, tablas, infografías, mapas, gráficos y demás. Lee sus leyendas y mira de cerca por qué el autor ha escogido estos elementos y lo que implican en el panorama completo. Para entonces, probablemente también te diste cuenta de un tipo de vocabulario y un estilo de escribir particulares. ¿Es esto formal o informal? ¿Lleno de jergas? ¿Escrito en primera persona? ¿Voz pasiva? Considera el efecto que el lenguaje tiene en tu entendimiento de la pieza en general. Busca cualquier sección en negrita o cursiva, o cualquier definición o sumario y trata de ver por qué ha habido énfasis en ello.

- Antes de leer cuidadosamente toda la pieza, enfócate en **cualquier pregunta asociada** con ella, sea como en un ejercicio o prueba. Si mantienes estas preguntas en mente, puedes impulsarte a enfocar tu lectura de manera más directa sobre ciertas preguntas. Si tienes un ensayo, por ejemplo, que te pide que escribas 1000 palabras sobre los pros y contras de la legislación señalada en la pieza, puedes comenzar a leer el material buscando específicamente las ventajas y desventajas, sea resaltando o tomando notas a medida que avanzas.

- Finalmente, si hay un **resumen o conclusión final**, léelo para completar un entendimiento del tema como un todo. Haz una revisión contigo mismo para ver lo que entiendes al final, dados todos los pasos anteriores.

Ahora bien, esto podría parecer un proceso extremadamente largo y complicado para solo el primer paso de anticipar, pero la verdad es que este y otros métodos pueden llevarse a cabo en cuestión de minutos. Cuando tienes el hábito de abordar nueva información con un plan predeterminado, puedes descubrir que de hecho te mueves a través del material con mayor rapidez.

El siguiente paso en el método PQ4R es hacer **preguntas**. Mira nuevamente los títulos y encabezados que encontraste y transfórmalos de manera deliberada en preguntas. Por ejemplo, el título "tres tipos principales de fotosíntesis" podría hacer que preguntes naturalmente "¿cuáles son los tres tipos de fotosíntesis?", ¿cómo se diferencian entre sí los tres tipos de fotosíntesis?", o "¿cuál es el tipo de fotosíntesis más común?" Si puedes, considera preguntas usando quién, qué, cuándo, dónde, por qué o cómo y formula tantas preguntas como sea posible.

También puedes hacer preguntas generales inspiradas por tu anticipación. ¿Cuáles predices que serán los temas principales y qué esperas aprender al leer el material? ¿Qué esperas entender mejor luego de absorber por completo este conocimiento?

Lo siguiente, pasamos a **leer** la pieza como tal. Si realizas los pasos anteriores meticulosamente, podrías descubrir que tu lectura es mucho más enfocada y que entiendes más, más rápidamente. Practica la lectura *activa* al responder a lo que lees. Escribe preguntas al margen o resalta/subraya oraciones importantes.

Muchísimas personas creen que están leyendo cuando lo que están haciendo realmente es pasar de manera pasiva sus ojos por encima de palabras escritas, por lo que la información entra por un oído y sale por el otro. Cuando preparas tu técnica de lectura anticipadamente, tu lectura será más inteligente, más enfocada y más receptiva. Si tropiezas en una oración que no entiendes o encuentras una palabra que nunca has visto antes, detente y descífrala, y asegúrate de indagar más sobre su significado. Podrías tener que leer el texto un par de veces para captar lo que está siendo dicho.

Lo siguiente, trata de **reflexionar** lo que leíste. Esto significa que pondrás todo junto y le darás un sentido más amplio. ¿Cómo encaja todo en el tema, en el asunto en general y en tu propio mundo personal? ¿Cómo esta nueva pieza de información encaja con lo que ya sabes? Mira las preguntas que tenías al inicio y cómo te fue con las respuestas.

¿Te sorprende algo? Quizás has formado tu propia opinión mientras progresabas y te diste cuenta que obviaste algo al inicio, pero ahora lo entiendes mejor. Leer nunca es algo pasivo, pregúntate siempre cómo puedes *responder.*

Esto puede ocurrir en diferentes niveles. Quizás te preguntas lo que significa la información específicamente para tu examen o asignación próxima. O quizás puedes preguntar lo que enseña la nueva información sobre este tema o asunto en general. Por otro lado, podrías querer saber cómo esta información te *sirve* a nivel personal, y cómo puede ayudar en tu vida única. ¿Significa algo para tus metas individuales? ¿Resuelve alguno de tus problemas o mejora tu comunicación? Después de todo, los datos son simples datos, hasta que decides cómo vas a interpretarlos y aplicarlos. La idea es encontrar *significado* detrás de lo que lees y colocarlo en el contexto más amplio.

Ahora pasamos a la **repetición** (o quizás **registro**). Así que, has mirado por encima, luego hiciste preguntas, luego leíste todo. Ahora estás un poco más familiarizado, pero necesitas que esta información sea más concreta. Escribe cosas o extrae los puntos importantes con una conversación o con tarjetas. Podrías incluso hablar en voz alta para ti mismo. Resume las cosas con tus propias palabras o traza una tabla, gráfico o mapa mental que capture las ideas principales. Aquí, no solo quieres hacer un resumen, sino reunir tu genuino entendimiento del significado detrás de las ideas y cómo todas se interconectan entre sí.

Finalmente, termina el proceso con una **revisión**, que es similar al primer paso de *anticipar*. ¿Qué tal lo hiciste? ¿Has respondido alguna pregunta o aprendido algo nuevo? ¿Qué tan bien entiendes las cosas y cuánto de ello pudiste retener para un uso futuro, como en un examen? ¿Hay algo que deba ser reforzado o has captado plenamente el material que fue en algún punto desconocido para ti?

Para recapitular, los pasos del método PQ4R son **anticipar, preguntar, leer, reflexionar, repetir y revisar.**

Si eres como la mayoría de las personas, podrías ver esto y pensar "¡qué montón de trabajo!". Pero, si de hecho sigues la estructura, podrías encontrar que es lo opuesto: que puedes pasar mucho menos tiempo en tus estudios y ser mucho más efectivo si abordas todo el proceso con un enfoque y un plan organizados. Haz una nota para ti mismo en algún lugar de cada paso del método PQ4R y te acostumbrarás rápidamente al proceso, especialmente dado que un paso lleva perfectamente al siguiente.

Para el momento en que estés en las secciones próximas, podrías tener un entendimiento más profundo de la información, lo que podría no haber sido adquirido si simplemente te sentabas a leer de manera aleatoria el texto sin plan alguno, sin meta y sin sistema. Este acercamiento es indudablemente mejor para aquellas ocasiones cuando te sientes agobiado o tengas dificultades orientándote a ti mismo en un nuevo y desafiante tema. Combinado con muchos otros métodos que hemos explorado en este libro hasta ahora, es una sencilla pero poderosa manera de sacarle provecho a tu aprendizaje, sin importar la complejidad.

Enseñanzas

- Abordar el asunto de enseñar desde el punto de vista del profesor enriquece tu propio entendimiento, y te proporciona una comprensión más firme de las cosas que tú mismo quieres aprender mejor. En la pirámide de aprendizaje, las actividades más activas, prácticas y enfocadas en la enseñanza terminan siendo las más efectivas.
- El efecto protégé explica cómo los tutores que enseñan a otros invariablemente se desempeñan mejor que los estudiantes que no enseñan. Esto

se debe a que aprenden en incrementos más organizados, pueden separar con más amplitud su ego del fracaso y la experimentación y aceptar más responsabilidad para el aprendizaje activo.
- Una buena valoración es una parte esencial del proceso de aprendizaje, y aprender a dar y aceptar una buena valoración es parte de lograr el dominio en cualquier tema.
- Una buena valoración es específica, proporcionada lo más pronto posible y atada a una meta concreta. Al dar una valoración, usa el tacto y la conciencia, entendiendo que las personas aprenden mejor cuando se sienten apoyadas y elogiadas. Adapta tu valoración de acuerdo a la personalidad, estilo de aprendizaje y nivel de dominio de tus estudiantes.
- El procesamiento profundo de la información se trata de abordar información más allá del nivel superficial, para que podamos ver su significado.
- La metacognición esencialmente consta de dos modos: pensar y pensar sobre tu

propio pensamiento (o regulación de ese pensamiento). El aprendizaje es mejor cuando alternas entre estos dos modos.
- Podemos fomentar la metacognición a través del uso de las autopreguntas, preguntas antes, durante y después del aprendizaje para darle forma, guiar y enriquecer nuestra comprensión.
- El método PQ4R es una manera de llevar la metacognición a tu lectura; este método consiste en los siguientes pasos: **anticipar, preguntar, leer, reflexionar, repetir y revisar**. Cuando seguimos metodológicamente cada uno de estos pasos con un texto o pieza de información, participamos más allá de los niveles superficiales y procesamos la información profundamente al hacer regularmente preguntas de nosotros mismos, del material y la manera en que interactuamos con el mismo.

Capítulo 6. Errores en el aprendizaje

Aprender es una actividad fluida. Es tomar conceptos que eran desconocidos o nebulosos para nosotros en el pasado, encontrar una manera de filtrarlos en nuestro entendimiento e incorporarlos en nuestras vidas como sea necesario. Existen muchas técnicas de aprendizaje, como hemos visto, pero no reglas como tal.

Por consiguiente, existen algunas trampas e ineficiencias que pueden surgir cuando estamos tratando de aprender. Esto puede ser reducido con algunos enfoques disciplinados y organización. En este capítulo, examinaremos algunas de estas ineficiencias y qué hacer para corregirlas.

En palabras sencillas, la mayoría de nosotros cometemos errores en nuestros intentos por aprender y ni siquiera lo sabemos. Podrías haber captado algunos errores en virtud de aprender las técnicas presentadas hasta ahora en este libro, pero eso es solo el principio.

Lectura floja

¿Cómo asimilas la información que necesitas y lees de verdad para incrementar efectivamente tu conocimiento?

Presentando: los *cuatro niveles de lectura*; fueron desarrollados por el filósofo Mortimer Adler en su publicación adecuadamente titulada *Cómo leer un libro*. Adler explica que leer no es un acto único universalmente consistente. Él desglosa el acto de leer en cuatro niveles individuales que difieren en objetivo, esfuerzo y cantidad de tiempo que toman. Además, aplican diferentes niveles para diferentes tipos de lectura; algunos libros pueden ser apropiados para todos los niveles, mientras que otros solo soportan uno o dos. Especialmente en los niveles más altos, seguir estos niveles de lectura al pie de la letra avanzará ampliamente tu experiencia en el asunto.

Los cuatro niveles de lectura de Adler, desde el más sencillo al más complejo son:

- Elemental
- De inspección
- Analítica
- Sintópica

Lectura elemental. Ya pasaste por este nivel. Esto es, esencialmente, aprender a leer. Este es el tipo de lectura que es enseñado en la escuela elemental. Aprendes qué son las letras, cómo son pronunciadas las palabras y lo que significan objetivamente. Es saber que la oración "el gato está en la cama", significa que hay un gato en la cama y que *no* dice que hay un perro en el sofá. Impresionante, ¿verdad?

El nivel elemental también aplica para un adulto que está aprendiendo un nuevo idioma y tiene que ser entrenado para entender nuevos alfabetos, vocabularios y pronunciación. También describe a un estudiante leyendo un libro de texto técnico por primera vez que tiene que aprender una sintaxis o jerga nueva. Cada vez que te topas con un nuevo idioma, dialecto o léxico, estás haciendo una lectura elemental.

Lectura de inspección. El siguiente nivel para los lectores es entender la esencia de cierto libro; pero no digerirlo todo. Se le llama nivel de inspección y algunas veces es denigrado o menospreciado por lectores ávidos. Pero para desarrollar la experiencia, es un proceso muy valioso.

La lectura de inspección de hecho tiene dos mini-niveles:

- *Vistazo sistemático.* Esto es examinar de manera casual ciertos elementos de un libro aparte del cuerpo de texto: echar un vistazo a la tabla de contenidos y al índice, o leer el prefacio o el extracto de la solapa. Si estás evaluando un libro electrónico, podría significar leer la descripción en línea y las reseñas de clientes también. El vistazo sistemático te da suficiente información para saber de qué trata el libro y cómo lo clasificarías: "es una novela sobre la Segunda Guerra Mundial", o "es un libro que explica recrear recetas de la cocina francesa". Eso es todo.

- *Lectura superficial.* Este nivel es de hecho leer el libro, pero de una manera muy casual. Comienza al inicio y asimila el material sin consumirlo o pensar mucho al respecto. No tomas notas en los márgenes. No buscas conceptos o frases poco familiares. Si hay un pasaje que no entiendes, solo procedes a la siguiente parte. En la lectura superficial, estás captando un sentido de tono, ritmo y dirección general del libro, en lugar de absorber cada uno de los elementos de la narrativa.

La lectura de inspección es algo así como una misión de reconocimiento o una encuesta. Solo estás consiguiendo un sentido sobre lo que trata el libro y la experiencia de lectura. Podrías captar un par de ideas muy amplias y generales en el libro, pero no profundizarás mucho al respecto. Solo descubrirás en que puede que te estés metiendo y luego decidirás si estás lo suficientemente interesado para ir más allá.

Por ejemplo, digamos que estás buscando un libro sobre música clásica. En tu vistazo sistemático, verías el título y encabezado. Leerías la solapa trasera, la cual dice que es "un estudio profundo, pero ligeramente irreverente de la música clásica". Leerías la tabla de contenidos; hay capítulos titulados "Wagner travestido", "Las imitaciones de gato de Mozart" y "El amor por las ratas de Beethoven". En este punto, probablemente determinaste que este *no* es un trabajo plenamente serio y uno que probablemente no aporte a tu experiencia, aunque podría ser entretenido.

¿Por qué debería un incipiente experto pasar por este nivel y no simplemente saltar al siguiente? Aunque no se trata de una indagación profunda, te da muchas respuestas. Tendrás un sentido del enfoque del escritor: ¿es serio, cómico o satírico? ¿Depende de recuentos de la vida real o situaciones imaginarias? ¿Se basa fuertemente en estadísticas? ¿Cita muchas de sus fuentes externas? ¿Hay imágenes?

Tener un buen sentido de las respuestas a esas preguntas te ayudará a enmarcar el contenido y a definir tus expectativas, lo cual, si decidiste seguir adelante y conseguir el libro, hará que el siguiente nivel de lectura sea más productivo.

Lectura analítica. El tercer nivel de lectura es el nivel más profundo para consumir un solo libro o volumen de trabajo. Es una digestión completa de, *y una interacción con*, el material en mano. El desafío de la lectura analítica es simple: "si el tiempo no fuera un impedimento, "¿qué tan minuciosamente leerías este libro?"

La lectura analítica puede ser descrita como tomar el libro de las manos del autor y hacerlo tuyo. No solo lees el texto; resaltas o subrayas puntos clave, y haces comentarios o preguntas. De cierta manera, puedes usar la marginalia para estimular una conversación en curso con el escritor.

La meta de la lectura analítica es entender el material lo suficientemente bien que puedas explicarlo a alguien más sin mucho esfuerzo. Eres capaz de describir el asunto de manera muy concisa. Eres capaz de hacer una lista de sus partes en orden y dices cómo se conectan entre sí. Eres capaz de entender y especificar los asuntos por los que está preocupado el autor y qué problemas está tratando de resolver.

Por ejemplo, si estás leyendo *Breve historia del tiempo*, de Stephen Hawking, resaltarías las frases clave en la primera parte sobre la historia de la física: la teoría del Big Bang, agujeros negros y viajes en el tiempo, por mencionar algo. Podrías ponerles un asterisco a los nombres de Copernicus y Galileo con una nota para investigar más sobre ellos luego. Podrías incluso cuestionar la explicación de Hawking del universo en expansión con escrituras al margen.

La lectura analítica es trabajo duro. Pero es el nivel en el cual la emoción de conseguir un nuevo entendimiento es más profunda y gratificante. Este tipo de interacción con la lectura hace que el aprendizaje sea proactivo; en lugar de solo escuchar lo que otra persona te está diciendo, es más como que estás extrayendo la información tú mismo. Cuando haces esto, estás involucrando más de tu mente y eso significa que es mucho más probable que vayas a *recordar* lo que has aprendido. Ese es un camino mucho más sencillo hacia la experiencia.

Lectura sintópica. En el último nivel de lectura, trabaja con múltiples libros o piezas de material abarcando el mismo tema. Uno podría describir la lectura sintópica como "comparar/contrastar", pero de hecho es mucho más profundo que eso. (Y no se debe confundir la lectura sinóptica con la lectura sinóptica, aunque se escribe de manera similar, es básicamente lo opuesto).

En este nivel, estás tratando de entender toda la amplitud del tema que estás estudiando, no solo un volumen único del mismo. ¿Suena familiar? Analizas las diferencias en ideas, sintaxis y argumentos presentados en los libros y los comparas. Eres capaz de identificar y llenar cualquier brecha de conocimiento que puedas tener. Estás conversando con múltiples compañeros, formulando y organizando las preguntas más apremiantes que debes responder. Estás identificando todos los problemas y aspectos de los temas que cubren los libros y buscando la fraseología y vocabulario que no entiendes.

La lectura sintópica es un compromiso relativamente mayor, casi como un curso con una duración de un semestre que te estás enseñando a ti mismo. Piensa en ello como un esfuerzo activo, algo que uno normalmente asocia con el relajante acto de leer una novela.

Es como un programa de TV o película en la cual alguien está tratando de desarticular una corporación de crimen organizado. En algún punto de la película, muestran una gran cartelera con dibujos, Post-its y fotos de personas, con hilos que muestran como todos están interconectados. Cuando es descubierta nueva información de diferentes fuentes, todo se añade a la cartelera. Eso es la lectura sintópica; un esfuerzo conjunto para encontrar las respuestas e incrementar tu experiencia, y ni siquiera tienes que lidiar con la multitud. Puedes concentrarte en asuntos más legítimos como la navaja de Ockham, el teatro del absurdo o el mercado de acciones.

Estos cuatro niveles sirven como pasos conectados que gradualmente forman un tema accesible, más relevante y finalmente, familiar para ti.

En el nivel elemental, bueno, aprendes a leer. Tú básicamente necesitas eso para todo.

En la fase de inspección, consigues una visión general del marco y la estructura y mides tu interés. Estás preparándote en caso de que decidas comprometerte con la fase analítica al estimar lo que hay para ti en un nivel más profundo.

En la fase analítica, te estás comprometiendo a un gran esfuerzo para entender tanto del tema como puedas desde el mayor número de puntos de vista posible. Estás absorbiendo y cuestionando el libro, y creando una mayor curiosidad sobre el tema que aborda, lo que te lleva a aprender más.

En la fase sintópica, te has "graduado", en cierto sentido, de una perspectiva única o limitada del tema a un estudio holístico de todos sus elementos. Aquí es donde estás acomodando los niveles de tu experiencia en múltiples puntos; algo que ni siquiera puedes comprender en lecturas casuales o recreacionales.

Mentalidad fija contra mentalidad de crecimiento, ¿cuál es la mejor?

A lo largo de este libro, hemos estado insinuando una perspectiva y actitud ideales cuando se trata del aprendizaje. El acercamiento que decidamos adoptar para conseguir nuestras propias metas, cómo pensamos en el fracaso, cómo entendemos nuestras propias habilidades y el proceso de aprender como tal; todas estas cosas tienen un fuerte impacto en lo bien que nos desempeñemos.

La Dra. Carol Dweck, de la Universidad de Stanford, ha estudiado las actitudes hacia el aprendizaje por décadas, como lo abarca en su libro *Mentalidad: la nueva psicología del éxito*. Dweck determinó que la mayoría de las personas se adhiere a una de dos mentalidades: fija o de crecimiento.

Las personas con una mentalidad fija creen que el talento y la inteligencia son rasgos genéticos congénitos. O tienes talento o no lo tienes. O naciste con inteligencia o no. No hay nada que puedas hacer para cambiar ese hecho, porque es simplemente tu destino. Puedes imaginar cómo esto podría afectar tus esfuerzos y actitudes hacia el aprendizaje de cosas nuevas. Por qué molestarte en trabajar duro si no va a cambiar nada, ¿cierto? Y si de hecho fallas, puedes encoger tus hombros y decir que siempre iba a ser de esa manera.

Aquellos con una mentalidad de crecimiento, por otro lado, creen que el talento, inteligencia, y la capacidad se pueden desarrollar a medida que uno crece. Para la mentalidad de crecimiento, el fracaso no es fatal; es solo otro paso en la curva del aprendizaje. Si existe un esfuerzo, habrá *algún* cambio y mejora. Con esta mentalidad, trabajar duro es posible y vale la pena debido a la creencia de que puede y llevará a algún lado. Que incluso si no sabes algo ahora, *puedes* saberlo con tiempo y esfuerzo.

Dweck descubrió que las personas con la mentalidad fija tendían a enfocar sus esfuerzos en tareas con una alta probabilidad de éxito, lo cual viene del deseo de "parecer inteligente". Se desviaban de trabajos que implicaran algún tipo de dificultad. Evitaban obstáculos, ignoraban el criticismo, y se sentían amenazados por el éxito de otros. También tendían a no tratar cosas nuevas o experimentar porque sentían que el fracaso era inminente. Existe mucho ego en esta mentalidad, ya que los logros están envueltos con autoestima e incluso identidad.

Las personas con mentalidad de crecimiento, asevera Dweck, eran más abiertas y aceptaban los desafíos con los brazos abiertos. Creían que la tenacidad y el esfuerzo podían cambiar el resultado de su aprendizaje. Persistieron a través de las barreras, escucharon las valoraciones críticas de otros y usaron el éxito de otras personas como inspiración y oportunidades de aprendizaje. Lo más importante, el fracaso y la adversidad tienen un efecto diferente en las personas con mentalidad de crecimiento; no ven esto como desafíos tan incómodos o algo que haya que evitar a toda costa. Cometer un error no es un desastre, es solo el precio que a veces pagas para mejorar.

No siempre tienes una voz en lo que pasa en la vida. Pero, cómo interpretes los desafíos, reveses y criticismo es tu elección. Puedes interpretarlos a través de una mentalidad fija y decir que no tienes el talento o habilidad para tener éxito, o puedes usar la mentalidad de crecimiento para usar estos obstáculos como aberturas para crecer, impulsar tus esfuerzos estratégicos y expandir tus habilidades. Podrías ser capaz de adivinar cual contribuye más para un aprendizaje acelerado y una exposición a algo nuevo; ¿cuál crees que es un error en el aprendizaje?

El estudio más relevador de Dweck exploró cómo estas mentalidades son creadas. Sin sorpresa alguna, probablemente comienza a inicios de nuestras vidas. Aquí no hay intención de desviarnos a la perspectiva de Sigmund Freud de que todo lo que somos es un resultado de nuestras experiencias de la niñez, pero sin duda alguna hay más conexiones de lo que parece.

En un estudio trascendental, Dweck y sus colegas les ofrecieron a niños de cuatro años una elección: podían repetir un sencillo rompecabezas o intentar uno más difícil.

Los niños que mostraron una mentalidad fija se mantuvieron en el lado seguro y escogieron rompecabezas más sencillos, que afirmarían las habilidades que ya poseían, mientras que los niños con mentalidad de crecimiento consideraron la simple *opción* extraña: ¿por qué alguien querría hacer el mismo rompecabezas una y otra vez y no aprender nada nuevo?

Los niños con mentalidad fija estaban enfocados en resultados que le garantizaran el éxito y le dieran la apariencia de ser inteligentes. Los niños con mentalidad de crecimiento querían expandir sus habilidades. Para ellos, la definición de éxito era *volverse* más inteligente. Los niños con mentalidad de crecimiento básicamente hicieron lo que querían hacer porque no estaban necesariamente preocupados por la posibilidad del fracaso.

El estudio de Dweck se puso incluso más interesante. Llevó adultos al laboratorio de ondas cerebrales de la Universidad de Columbia para estudiar cómo sus cerebros se comportaban mientras respondían preguntas y recibían valoraciones.

Los adultos con mentalidad fija solo estaban interesados en la valoración que reflejara sus habilidades actuales. Hicieron caso omiso a la información que podría haberlos ayudado a aprender y a mejorar su desempeño. Sorprendentemente, no mostraron interés alguno en escuchar la respuesta correcta a una pregunta que habían respondido mal; ya habían etiquetado su respuesta como un fracaso y por ende ya no les servía.

Por otro lado, las personas con una mentalidad de crecimiento prestaron mucha atención a la información que los ayudaría a conseguir más conocimiento y desarrollar nuevas habilidades. Para ellos, no había vergüenza en dar una respuesta errónea y la explicación de la respuesta correcta era bienvenida como una gran ayuda en su desarrollo. Las prioridades de los adultos con mentalidad de crecimiento se enfocaban en aprender; no en la trampa de ego binaria de éxito o fracaso. Lo que se manifiesta en la niñez puede quedarse con nosotros por toda una vida si no se atiende.

Afortunadamente, sin importar lo profundamente fija que esté una mentalidad en una persona, no tiene que ser una condición permanente como han de creer. Las mentalidades son maleables y pueden enseñarse. Resulta que los perros viejos sí *pueden* aprender trucos nuevos (sí, ¡incluso aquellos perros viejos que no creen que pueden!). Y es algo que vale la pena hacer, ya que puede marcar una diferencia final entre dos personas que poseen el mismo talento, inteligencia y oportunidades.

Dweck y sus colegas desarrollaron una técnica que llamaron "intervención de mentalidad de crecimiento". La palabra "intervención" podría hacerla sonar como una invasión a escala media, pero la belleza de la idea está en los ajustes menores que representa. Cambios pequeños en la comunicación, incluso en los comentarios más inocuos, pueden tener implicaciones a largo plazo sobre la mentalidad de una persona.

Un área clave de enfoque en esta técnica es la naturaleza de elogiar. Elogiar el proceso de alguien ("realmente aprecio cómo te esforzaste con ese problema") en lugar de su rasgo o talento innato ("eres tan inteligente") es una manera sencilla pero poderosa de promover la mentalidad de crecimiento.

Elogiar el talento solo refuerza la noción de que el éxito o fracaso dependen de rasgos congénitos, inalterables, estáticos y estancados. Elogiar el proceso aplaude el esfuerzo y trabajo; la *acción* que es tomada para llegar al siguiente paso. Quieres reforzar la idea de que el talento es menos importante, mientras que el esfuerzo lo es todo.

Puedes predecir cómo el hecho de elogiar el proceso podría funcionar en el aula de clases: "sé que el laboratorio de química tuvo unos problemas, pero trabajaron bien para resolverlos", o "estoy impresionado con lo meticulosos que fueron con este ensayo final". Pero, es fácil y efectivo transmutar esa mentalidad en nuestra existencia día a día en casa o el lugar de trabajo: eleva el valor del progreso, mantiene canales de comunicación abiertos y las críticas constructivas, y usa de base lo que aprendemos en el proceso para futuros proyectos.

Esto es algo que puedes hacer por otros y también por ti mismo sobre cómo evalúas tus acciones y comportamiento frente al aprendizaje.

El mito de adecuar los métodos de aprendizaje

La noción de diferentes estilos de aprendizaje ha sido un tema de conversación y promoción en círculos educativos (sin mencionar a los editores que venden guías de enseñanza). Siguiendo muy de cerca está la idea de que los profesores deben adaptar sus esfuerzos para atraer a estudiantes más orientados hacia un estilo de aprendizaje particular sobre otro. La teoría dice que los estudiantes aprenden mejor cuando el material es presentado visualmente, mientras otros prefieren que sea verbalmente, lógicamente o de alguna otra manera. Claro que, las mismas personas que respaldan estos acercamientos casualmente venden productos para satisfacer a cada tipo de estudiante. ¡Qué conveniente!

Pero, ¿existe una ciencia que apoye la adecuación de los estilos de aprendizaje? En otras palabras, ¿el cerebro de algunas personas es tan diferente que la información deja de ser información si no es presentada en el estilo correcto? Bueno, los estilos de aprendizaje son muy conocidos en las discusiones y, de una manera anecdótica, incluso tienen sentido lógico:

- Aprendizaje visual (espacial): prefiere el aprendizaje a través de imágenes, fotos, colores y mapas.

- Aprendizaje aural (auditivo-musical): se inclina por el aprendizaje a través de sonido y música.

- Aprendizaje verbal (lingüístico): escoge el uso de palabras, tanto en discursos como escritura (libros, lecciones, etc.).

- Aprendizaje físico (kinestésico): prefiere usar el cuerpo, manos, y el sentido del tacto. Típicamente disfruta de deportes y ejercicios.

- Aprendizaje lógico (matemático): favorece la lógica, el razonamiento y sistemas, particularmente encontrando patrones y conexiones entre elementos no relacionados.

- Aprendizaje social (interpersonal): le gusta aprender en entornos grupales con una comunicación e intercambio abierto con otros.

- Aprendizaje solitario (intrapersonal): tiende a ser más privado e independiente, así como autorreflexivo y personal.

No es una exageración decir que a algunos estudiantes les *gusta* una manera de aprender en lugar de otras. Yo ciertamente disfruto algunas actividades más que otras y, al hacerlo, puedo crear una profecía realizada de mí mismo basada en el entretenimiento. Existen incluso factores biológicos que parecen apoyar la teoría, ya que existen diferentes estructuras del cerebro para cada uno de estos tipos de funciones a los que corresponde el estilo de aprendizaje:

- Aprendizaje visual: los lóbulos occipitales en la parte de atrás del cerebro manejan el sentido visual. Tanto los lóbulos occipitales como los lóbulos parietales manejan la orientación espacial.

- Aprendizaje aural: el lóbulo temporal maneja el contenido aural. El lóbulo temporal derecho es especialmente importante para la música.

- Aprendizaje verbal: este es el dominio de los lóbulos temporal y frontal, especialmente dos regiones especializadas llamadas área de Broca y área de Wernicke.

- Aprendizaje físico: el cerebelo y la corteza motor (en la parte de atrás del lóbulo frontal) manejan mucho de nuestro movimiento físico.

- Aprendizaje lógico: los lóbulos parietales, especialmente el del lado izquierdo, dirigen nuestro pensamiento lógico.

- Aprendizaje social: los lóbulos frontal y temporal manejan mucho de nuestras actividades sociales. El sistema límbico también influye tanto en el estilo social como el solitario. El sistema límbico también tiene mucho que ver con las emociones, estados de ánimo y agresión.

- Aprendizaje solitario: los lóbulos frontal y parietal, y el sistema límbico, también están activos en este estilo.

¿Pero?

No hay una evidencia científica que sugiera que el cerebro funciona de maneras tan fragmentadas. Los únicos datos producidos para respaldar la teoría son presentados por estudios pobremente ejecutados o malinterpretación de ciertas conclusiones. El mito, o "neuromito", de los estilos de aprendizaje está comenzando a desvanecerse, pero sigue existiendo una adherencia a la idea. De hecho, existe mucha evidencia que sugiere que todos los estilos de aprendizaje son igual de efectivos cuando tomas en cuenta la atención y preferencia.

Paul Howard-Jones, un investigador de la Universidad de Brístol, menciona que adecuar los estilos de aprendizaje y otros neuromitos son "ideas equivocadas generadas por un malentendido, malinterpretación o citado erróneo de hechos científicamente establecidos por investigaciones del cerebro para defender el uso de dichas investigaciones en la educación u otros contextos".

Existe un riesgo al asumir que solo existe un estilo al que deberíamos adherirnos. Le estaríamos haciendo un daño a nuestro rango de habilidades y perdiendo los otros métodos y medios potencialmente efectivos. Tal opinión tiende a convertirse en una profecía realizada de que solo le prestarás atención a un método y rechazarás los demás. Eso solo puede funcionar para tu perjuicio, especialmente si estás evitando conscientemente maneras de pensar bajo la errónea creencia de que no vale la pena desarrollarlas.

¿Cómo manejamos esto en nuestra vida diaria? Existen ciertos acercamientos hacia los que gravitamos basados en nuestros talentos y preferencias, pero eso no significa que otros no funcionarán. El mejor método es mezclar medios y tratar de incluir múltiples estilos de aprendizaje. Tu cerebro es un órgano extraordinariamente flexible y adaptable y se desarrolla con los desafíos, cambios y la variedad; ¡dale algo de eso!

La multitud de medios disponibles en nuestro panorama actual hace que esto sea una tarea más sencilla de realizar que apenas unos años atrás. Si quisieras aprender más sobre el béisbol, podrías leer un amplio número de libros, escuchar audiolibros o incluso piezas musicales sobre el deporte, ver una película sobre béisbol (o la serie documental por Ken Burns), referirte a videos de YouTube, y sumergirte en la experiencia en un juego real, sea como observador o, si lo logras, como jugador.

Si buscas aprender en solo un estilo, tus opciones serán limitadas. Tus opciones podrían incluso ser terribles, mientras que los materiales en otros estilos podrían ser mucho más superiores. También existe el beneficio de mezclar y emparejar diferentes tipos de medios para ganar una perspectiva completa de lo que sea que estás tratando de aprender. ¿Recuerdas el valor de intercalar y por qué es tan importante para codificar nuevo material usando el mayor número de sentidos posible?

Este mismo acercamiento puede ser usado en cualquier tema que tenga suficiente contenido aural, visual o textual en su aprendizaje. Francamente, hay muchísimos. Historia, matemáticas, idiomas, música, e incluso artes prácticas como carpintería o habilidades de computadora, todos estos temas poseen diversas formas de medios con información valiosa. Incorpora estos medios a tus planes de estudio tanto como puedas, y no sientas la necesidad de amarrarte a una categorización que no tiene una base científica, sin importar lo lógica que puede parecer.

Estilos mentales contra estilos de aprendizaje

Si los estilos de aprendizaje no están respaldados científicamente, ¿hay una mejor alternativa? Anthony Gregorc creía que sí, y en 1977 propuso su propio modelo para explicar y describir las diferentes maneras en las que las personas aprenden. Él identificó dos modos de aprendizaje qué fijó como algo continuos, creando un campo o matrix en la cual entraban las preferencias de aprendizaje de un individuo; es decir, "estilos mentales". Para ver en cuál de los dos ejes entraba una persona, podían completar una prueba de 40 preguntas. Los dos ejes son simples polaridades:

- Abstracto contra concreto (cualidad perceptual)
- Secuencial contra aleatorio (habilidad de orden)

Ser concreto en tu percepción significa internalizar el mundo a través de tus cinco sentidos, en el aquí y el ahora. Este pensamiento es literal, práctico y directo. La cualidad abstracta de percepción, por otro lado, tiene más que ver con la intuición y ver más allá de lo que es obvio y está frente a ti. Cualquier creación de modelo, imaginación o "ver más allá" es más abstracto que concreto. Esto es más matizado y sutil en la comunicación

Tener una habilidad de orden secuencial significa que tu mente organiza datos de manera secuencial y lineal. Es decir, una cosa tras otra. Esta es una preferencia para la lógica paso a paso, enfoque estrecho, y un plan seguido de principio a fin. Sin embargo, el orden aleatorio favorece la información en partes significativas, sin ningún orden en particular. Es más espontáneo e impulsivo. Podrías saltarte pasos, comenzar al final y trabajar hacia atrás, o saltar de un lado a otro en lugar de seguir un plan.

Según Gregorc, cada persona entra en algún lugar de cualquiera de los espectros. Incluso aquellos individuos que están relativamente equilibrados entre los dos estilos tendrán una ligera preferencia por una manera sobre la otra. Si uno está en el eje X y el otro en el Y, creamos cuatro tipos distintos en cada cuadrante:

Tipo concreto secuencial

La preferencia es por el aquí y el ahora, participando con un proceso paso a paso y ordenado. Este estilo es práctico y activo. Tal estilo aprende mejor cuando la información está detallada y ordenada, y cuando el caos es bajo. Demasiada abstracción puede sentirse inútil; en su lugar, la idea es aplicar conceptos y volverlos reales. Tal persona podría beneficiarse también de darle poder a un mentor que puede demostrar con instrucciones claras, como en técnicas de aprendizaje más tradicionales.

Lo que funciona: hechos, orden, lógica, estructura, predictibilidad.

Lo que no funciona: grupos de trabajo dispersos, instrucciones poco claras, usar la imaginación, tratar de responder preguntas "sin respuestas erradas".

Tipo concreto aleatorio

A este estilo también le gusta trabajar con los cinco sentidos en el concreto aquí y ahora, pero con más espontaneidad e intuición. Mientras el tipo anterior es como una mecánico o ingeniero habilidoso, este tipo es más como un artista. Disfrutan del ensayo y error, y experimentará a menudo solo para ver lo que pasa, en lugar de aceptar lo que otro diga. En contraste con los tipos concretos secuenciales, no conceden mucha autoridad, prefiriendo en su lugar sus propias investigaciones y experiencias.

Lo que funciona: riesgo, solución independiente de problemas, competencia, autodirección.

Lo que no funciona: rutinas formales, reglas solo por tener reglas, restricciones y límites, recopilación de informes, repasar lo que ya está hecho.

Tipo secuencial abstracto

Los tipos abstractos están en su cabeza, no en el concreto aquí y ahora. Progresan creando e interpretando símbolos verbales y no verbales, y les gusta participar con estos de manera lógica y lineal. Son el tipo científico, quienes hacen modelos y teorías y aprenden al encontrarse con el conocimiento teórico de manera ordenada y analítica. Pueden respetar la autoridad, pero solo si perciben que viene con una experiencia genuina.

Lo que funciona: trabajar solo, estar en entornos estimulantes, que su propio análisis sea escuchado y entendido.

Lo que no funciona: repetición sin sentido, seguimiento de reglas, acercamientos demasiado emocionales, frivolidad, aburrimiento.

Tipo abstracto aleatorio

Este tipo también favorece el mundo interno, intuitivo y abstracto, pero prefiere abordarlo de una manera más suelta y menos formal. En lugar de un resumen fijo y una dirección planeada, el aprendizaje es más flexible y espontáneo. Sin embargo, en lugar de que esto lleve al caos, permite que este tipo sintetice gradualmente un todo que tiene sentido para ellos; solo que llegan a ese orden a través de un camino menos lineal. A diferencia del tipo "científico" abstracto secuencial, este estilo pertenece más a los teóricos en las artes y humanidades, filósofos, pensadores y visionarios.

Lo que funciona: armonía grupal, un entorno personalizado, lineamientos más amplios y tiempo suficiente.

Lo que no funciona: competencia, autoritarismo, restricciones, juicio, fuerza y enfoque arbitrario en detalles.

Como puedes ver, los tipos de arriba no son tanto modos cognitivos, sino más bien como personalidades de pensamiento (y de hecho puedes notar algunos elementos del test de personalidad Myers-Briggs aquí). Así que, puede que no necesites alterar la forma de la información que quieres aprender para que sea más atractivo para tu estilo de aprendizaje cognitivo, pero puedes ajustar tu entorno de aprendizaje para que se adapte mejor a tu propio estilo de pensamiento.

Tomando notas flojas

Los "errores" del aprendizaje pueden chocar en forma de creencias incorrectas sobre tus estilos y preferencias, malos hábitos de lectura y una mentalidad general que socava tu crecimiento en lugar de fomentarlo. Pero, existen también errores más prácticos y obvios que podrías estar cometiendo en tu aprendizaje sin siquiera notarlo.

Frecuentemente, cuando un profesor entrega un contenido, usualmente a través de una lección, él o ella les da a los estudiantes folletos que incluyen notas prescritas sobre el tema. Esto a menudo toma la forma de páginas de notas que pueden ser generadas de manera automática desde una presentación de

PowerPoint. El profesor podría pensar que esto es un buen y conveniente favor, pero es muy malo para el aprendizaje.

El aprendizaje ocurre cuando es activo y al menos parcialmente autónomo. Cuando estás tomando notas y organizando información, la estás sintetizando y haciéndola personal. No estás asimilando la estructura de enseñanza de alguien más, en lugar de eso, estás activando tu propia actividad cerebral

La información que obtienes es presentada de manera lineal, pero para hacer que sea significativa, podrías tener que tomar una ruta menos predecible. Al escribir notas con tus propias palabras, de alguna manera similar a la práctica de recuperación, debes pensar sobre las ideas en tu texto y curso y cómo puedes explicarlas de manera coherente. El simple hecho de tomar notas activas y frescas puede ser transformador.

Aprender sobre la adecuada toma de notas te ayudará a retener, analizar y finalmente recordar y aprender lo que has leído. No usas lo que funcionó para alguien más y tratas de forzarlo; en lugar de eso, creas tu propio material y lo organizas de manera que tenga sentido para ti.

Comúnmente se dice que hay cuatro niveles principales de notas efectivas:

- Toma de notas
- Edición de notas
- Análisis de notas
- Reflexión de notas

La mayoría de nosotros no pasamos más allá del segundo paso, si es que llegamos allí. Podríamos dedicar un poco de tiempo al resaltar fragmentos de un libro, escribir una que otra nota y nunca volverla a ver hasta que es hora del examen. Pero, los últimos tres pasos es donde ocurre la magia, porque es cuando te sumerges a un nivel más profundo más allá de la retención de información. Es aquí donde participas. Organizas tus propios pensamientos, analizas las conexiones y reflexiones sobre cómo todo encaja en la visión más amplia... es decir, aprendes.

El método más famoso de tomar notas es llamado el *método Cornell*, y de hecho abarca mucho de los mencionados niveles de notas efectivas. Así es como funciona:

En tu hoja de notas escritas a mano (escribir a mano es clave), divídela por la mitad y en dos columnas. Titula la columna derecha como "notas" y la izquierda como "ideas". Deja un par de centímetros libres en la parte de abajo y ponle "resumen". Puedes arreglar varias páginas iguales para que siempre estés preparado, o incluso hacer esto en un cuaderno completo.

Ahora tienes tres secciones distintas. Pero solo estarás tomando notas en la columna derecha. Aquí es donde tomas notas normales sobre los conceptos más grandes con detalles que los respalden de la manera más concisa posible. Escribe todo lo que necesites para hacer una evaluación profunda de lo que estás aprendiendo. Asegúrate de dejar espacio entre los puntos para que puedas escribir más detalles y aclaratorias luego. Dibuja gráficos y diagramas, crea listas donde sea apropiado y haz tu mejor esfuerzo para capturar lo que importa. No necesitas pensar sobre la organización o sobre resaltar algo mientras estás tomando las notas iniciales. Solo escribe lo que escuchas o lees y dale la imagen más completa que puedas.

Luego de que termines de tomar notas, pasa al lado izquierdo de las pistas. Aquí es donde, para cada sección o concepto, filtras y analizas el lado de las notas y escribes las partes importantes en el lado de las ideas. Mientras que el lado de las notas es más un desorden, el lado de ideas es un recuento relativamente organizado del tema en cuestión; básicamente la misma información está en cada lado. Escribe los hechos base principales y cualquier cosa que importe, pero de manera más organizada. Existe el beneficio extra de tener que repasar tus notas inmediatamente, sintetizando todo y sacando lo que es más importante y lo que no.

Finalmente, luego de que termines con ambos lados, pasa a la sección de resumen en la parte inferior. Aquí es donde intentas resumir todo lo que has anotado en un par de ideas y afirmaciones de alto nivel, con solo los hechos importantes o excepciones a las reglas. La meta es decir tanto como sea posible con la menor cantidad de palabras porque, cuando revises tus notas, querrás entender rápidamente y no tener que deconstruir y analizar todo de nuevo. Debes ser capaz de mirar por encima las secciones de ideas y resumen y seguir adelante.

Existen similitudes entre el método Cornell y los cuatro niveles de la toma de notas, pero en cada caso, has creado tu propia guía de estudio. Aun mejor, también tienes todo el proceso que usaste para crearla documentado en la misma página, desde notas originales hasta síntesis y recapitulación. Tienes un registro de información que te permite ir tan profundo como quieras o asociarlo con lo que quieras. La parte más importante es que has creado algo que tiene sentido personal para ti porque has expresado todo de una manera que tiene sentido para ti. Estás haciendo que la información encaje con tu esquema mental, y no lo contrario. Con lo que te quedas es con algo que genuinamente tiene la oportunidad de mejorar tu aprendizaje en lugar de solo gastar papel y tinta.

En general, tomar notas no es una actividad floja y pasiva. Ese es el secreto real de las notas efectivas. Muchas personas parecen pensar que una vez que la nota está escrita en el papel, ese es el final; y casi inconscientemente se dan permiso para nunca pensar en ese punto minuciosamente otra vez. Nada podría estar más alejado de la verdad.

Las buenas notas buscan servir como algo a lo que puedes referirte, algo que puedes entender instantáneamente y encontrar útil, en lugar de tener que descifrarlas. Esto no funcionará si primero tienes que tratar de entender el sentido de estructura y organización de alguien más, y desde luego no funcionará si nunca estás inspirado para mantener un tipo de diálogo con las notas que tomas.

Peter Brown, autor del libro *Apréndetelo*, simplifica este punto sobre las notas: él sostiene que cuando no se pone esfuerzo en el proceso, no dura mucho. ¿Qué quiere decir esto exactamente?

En un estudio citado por Brown, a los estudiantes se les permitió copiar notas palabras por palabra sobre algunos materiales, pero se les pidió que reformularan *otro* material en sus propias palabras. Cuando estos estudiantes fueron puestos a prueba luego, hicieron un mejor trabajo al recordar el material que habían parafraseado ellos mismos.

Podría ser conveniente, (para los estudiantes, quizás incluso para el profesor) proporcionar notas escritas para las lecciones. Pero, la falta de esfuerzo que este arreglo tiene de manera intrínseca perjudicará al estudiante. De hecho, mientras menos esfuerzo y participación un estudiante pueda dedicar, peor será el aprendizaje. Es como si cada parte del material con el que no se ha participado de manera genuina y personal, sea invisible y pronto olvidado.

Planifica tu estilo de toma de notas con anticipación y lleva todo lo que necesites a la lección. Bolígrafos de diferentes colores, resaltadores, Post-its, varias carpetas; los implementos que hayas designado para que te *ayuden* a aprender. Trata de mantener tus notas lo más concisas posible, con abreviaciones, leyendas, o acrónimos y escribe solo la información que importa (aunque tú decides qué es lo que importa). Recuerda que lo sencillo es a menudo lo mejor; no tienes que darlo todo con papeles finos si realmente no aportan nada al proceso.

¿Cómo podemos hacer que estos principios de toma de notas sean relevantes para todo lo demás en nuestras vidas? En otras palabras, ¿cómo podemos asegurarnos de parafrasear todo lo que queremos aprender, incluso fuera del aula de clases? ¿Cómo podemos asegurarnos de invertir esfuerzo y hacer que el aprendizaje sea tan activo como sea posible en el mundo real?

Aquí es donde la resolución de problemas que desarrollamos en los entornos de escuela se vuelven real. Pero, también es representante del truismo de que el aprendizaje no se detiene cuando estamos fuera de la escuela; de hecho, nuestro estado de aprendizaje no muere hasta que *nosotros* lo hacemos.

No podemos enfatizar lo suficiente los beneficios de la documentación personal, sea para una funcionalidad del día a día, asuntos del trabajo, relaciones interpersonales, o simplemente la autoexpresión. Tomar notas sobre cualquier cosa por la que pasemos o experimentemos en el día a día y crear un sistema organizado para hacer que estas notas sean accesibles luego nos ayuda a retener el conocimiento que necesitaremos en futuras aplicaciones prácticas.

Sean tomadas a mano (lo que seguimos respaldando con entusiasmo) o a través de aplicaciones digitales (lo que sería tonto declamar), estructurar los eventos de tu vida (como criar una familia, comenzar un negocio, perseguir un hobby), en una narrativa a través de tus propias palabras y notas, es una forma casi respaldada de derivar un significado y valor personal continuo de tu vida.

Claro que, no es la escritura y la documentación *per se* lo que aporta valor, sino la relación con ellos, y la manera en la que usamos estas herramientas para inspirar algo más valioso en nosotros: control consciente de nuestro aprendizaje. Cuando usamos la escritura, toma de notas, análisis y autopreguntas, nos acercamos más a lo que estamos aprendiendo, sin importar la forma exacta de intimidad que tome.

El aprendizaje está definido por el ensayo y error, Cometer un error en el aprendizaje nunca es una desviación fatal de nuestro camino a través de la educación. Como con todas las soluciones que presentamos en este libro, estos errores son resueltos con la práctica y los ajustes a nuestro enfoque mental. Si atiendes estos errores de la misma manera en la que sugerimos que lo hagas, de manera activa y no pasiva, entonces estos errores servirán como oportunidades para un futuro aprendizaje y eventualmente los cometerás menos.

Enseñanzas

- Así como adoptamos mejores hábitos para aprender de manera más efectiva, podemos trabajar para dejar los malos hábitos que socavan nuestro aprendizaje.

- Un mal hábito es la "lectura floja", o leer sin participar activamente con el material. Aprender *cómo* leer es tan importante como aprender *qué* leer.
- Nuestras actitudes y perspectivas pueden jugar un enorme papel en lo bien que aprendemos y lo resistentes que somos a los desafíos y adversidades. Una mentalidad fija es una mentalidad en la cual pensamos que el conocimiento y habilidades son rasgos congénitos y no pueden ser aprendidos, mientras que una mentalidad de crecimiento ve el desarrollo posible y alcanzable a través del esfuerzo y enfoque.
- Puede ser un error asumir que tienes un "estilo de aprendizaje" cuando existe muy poca evidencia científica que respalda esta idea. Aunque todos tenemos preferencias, el cerebro está diseñado para asimilar datos en una variedad de formatos, usando todos nuestros sentidos, y nuestro aprendizaje mejora cuando hacemos usos de tantos de estos como sea posible.

- Es mejor adaptar nuestro proceso de aprendizaje en términos de "estilos mentales". Todo el mundo entra en dos ejes: abstracto contra concreto (cualidad perceptual) y secuencial contra aleatorio (habilidad de orden). Estos producen cuatro tipos, con diferentes preferencias a la hora de encontrar nueva información.
- Así como la lectura floja, la toma de notas floja es pasiva en lugar de activa, y falla al producir un aprendizaje duradero. Usa el método Cornell para tomar notas, con una columna para las notas per se, una para ideas y un espacio para un resumen, para que así participes más de cerca con el material.
- Una buena estrategia de toma de notas abarca no solo la toma de notas como tal, sino su edición, análisis y reflexión, para que las notas se vuelvan reflexiones reales de tu proceso en lugar de algo que es inerte y rápidamente olvidado.
- Todo el aprendizaje es cuestión de ensayo y error, y lo que funciona para una persona en un contexto podría no funcionar para otra persona en otro contexto. Todo se trata de una

observación consciente, de ajustar y evaluar tu propio proceso a medida que avanzas y motivarte a hacer mejoras graduales.

Guía de enseñanzas

CAPÍTULO 1. CONDICIONES FÉRTILES PARA APRENDER

- El aprendizaje acelerado significa trabajar con los mecanismos preexistentes e incorporados que todos poseemos. Cuando trabajamos con el cerebro, en lugar de en su contra, podemos sacarles el mayor provecho a nuestras experiencias de aprendizaje y disfrutar más del aprendizaje como tal.

- Un hecho inevitable es que el período de atención humano es limitado. Debemos respetar los límites de nuestra atención y planear el aprendizaje en base a ellos. Esto quiere decir digerir nueva información en piezas más pequeñas y manejables.

- Una buena duración para cualquier período de aprendizaje es más de 30 minutos y menos de 50. Si es demasiado corto no podrás conseguir profundidad alguna mientras que si es demasiado largo tus poderes cognitivos comenzarán a cansarse.

- Para usar tu tiempo sabiamente, planea por adelantado y designa tiempo en tu cronograma para bloques de aprendizaje específicos.

- Usa el aprendizaje de conceptos para guiarte: a medida que aprendes, prioriza el entendimiento y la comprensión en lugar de la memorización por repetición. Esto significa conceptos antes de los hechos. Cuando tienes una apreciación de información profunda y no superficial, anclas las nuevas ideas al contexto y hace que sea más fácil recordarlas y aplicarlas.

- Participa deliberadamente en el fracaso productivo. Acepta que el fracaso puede de hecho ser una fuente de información valiosa, si se acepta correctamente.

- Desafíate a ti mismo sin frustrarte y asegúrate de que cuando trabajes (y fracases) te das la oportunidad de ver de cerca *por qué* pasó lo que pasó. Pregúntate a ti mismo por qué fallaste y piensa sobre cómo pudiste haberlo hecho mejor.

- Cultiva una mentalidad de crecimiento, donde pones el ego a un lado y asumes que aprender es incómodo a veces. El fracaso es una parte del aprendizaje, así que acéptalo cuando pase. Usa tu fracaso para inspirarte a hacer nuevos planes para seguir adelante y dale forma a tus siguientes pasos.

- "Espera la frustración, pero no sucumbas a ella". Con la mentalidad correcta, el "fracaso" es algo que te acerca más al éxito, no te aleja de él.

CAPÍTULO 2. RETENCIÓN DE LA MEMORIA

- El aprendizaje depende de la memoria, y la memoria es en cambio una interacción entre dos procesos: almacenamiento y recuperación de información. Existen tres pasos principales: codificar, almacenar y recuperar.

- Lo bien que **codifiquemos** material (lo bien que lo solidifiquemos en nuestras mentes) depende del grado de atención e intensidad de atención que prestemos, así como de los sentidos a través de los cuales nos encontramos con el material y nuestras emociones asociadas.

- Cuando **almacenamos** recuerdos, lo hacemos como parte de la memoria transitoria sensorial, memoria de corto plazo o memoria de largo plazo.

- La **recuperación** es cuando regresamos a los recuerdos almacenados y los sacamos nuevamente, sea con una señal o secuencia útil, o ninguna de las dos. Podemos recuperar información de varias formas: recordarla directamente (sin señales, es obviamente lo que se prefiere), por reconocimiento (recordar algo luego de una pista o señal) y reaprendiendo, (que es el método menos efectivo y menos duradero).

- Olvidar es una situación normal y ocurre con una "línea del olvido". Sin embargo, cada vez que practicamos refrescamos esta memoria, y los rasgos subsecuentes del olvido van pasando a una curva menos empinada. La meta es practicar hasta que la curva eventualmente se aplane, y el ritmo de declive se ralentice lo suficiente para que digas: "he aprendido esto permanentemente".

- El ciclo de estudio es un proceso a seguir para maximizar tu proceso de aprendizaje dada la manera en que funciona la memoria. Los pasos son: anticipar, atender, revisar, estudiar y evaluar, y luego inicia nuevamente el ciclo. En una sesión de estudio, lo mejor es fluir a través de cada paso de manera consciente, estableciendo el contexto, prestando atención y luego tomando el tiempo para evaluar lo bien que estuvo el proceso.

- La práctica de recuperación es el arte de practicar lo que solidifica más los recuerdos, recuperándolos. Es un proceso activo e inculca firmemente los recuerdos.

- La repetición espaciada tiene mayor efecto para la práctica de recuperación y para combatir el olvido. La práctica deliberada también puede ayudarte a controlar lo que estás practicando y cómo esto puede mejorar tu aprendizaje y conocimiento con el tiempo.

CAPÍTULO 3. TÉCNICAS PARA EL APRENDIZAJE

- Las técnicas que se enfocan en una participación *activa* y consciente con material nuevo siempre resultarán en un entendimiento más profundo y una mejor memoria.

- Muchas de las técnicas de estudio convencionales que todos usamos son de hecho bastante malas para ayudarnos a aprender; estas incluyen la recapitulación, resaltado, uso de nemotecnia, añadir imágenes al texto o releer texto. Aunque estas técnicas pueden ser útiles en contextos limitados, no son las más efectivas.

- Las técnicas más efectivas son más activas y aplicadas: prueba práctica, práctica distribuida (abarcada en un capítulo anterior), interrogación elaborativa, autoexplicación y práctica intercalada.

- En la interrogación elaborativa usamos preguntas para asegurar un entendimiento profundo del material, preguntar "¿por qué?" y "¿cómo?" para revelar conexiones y relaciones casuales que van más allá de la superficie. Esto ayuda no solo a nuestro entendimiento, sino también a nuestra memoria.

- La autoexplicación también nos obliga a ir más allá con los conceptos, donde nos "enseñamos a nosotros mismos" y quizás identificamos las brechas al entender. Al explicarnos nosotros mismos ideas, secuencias o conceptos, aprendemos "de adentro hacia afuera".

- Idea inspirada por el físico Richard Feynman, siempre vale la pena revisar tu comprensión para ver si puedes explicar cualquier idea con un lenguaje simple y directo. Si no puedes, debe haber algún tipo de brecha conceptual o malentendido.

- La práctica intercalada va en contra de la sabiduría convencional y te impulsa a alternar entre diferentes temas o habilidades en una sola sesión de estudio. Al mezclar temas, desarrollas cierta agilidad cognitiva y fortaleces las conexiones y relaciones en lugar de aprender bloques aislados de golpe.

- Las prácticas de aprendizaje activo funcionan mejor cuando son elegidas por su pertinencia para el estudiante en particular, tema o lección. Cualquiera de las tácticas de arriba son una buena idea si fomentan un entendimiento profundo en lugar de uno superficial, y si te permiten lograr conexiones conceptuales significativas entre las ideas.

CAPÍTULO 4. HAZ QUE EL APRENDIZAJE SEA SECUNDARIO

- Una forma infalible de mejorar tu aprendizaje es actuando de manera que no se sienta que estás aprendiendo en lo absoluto. Cuando haces que el aprendizaje sea secundario, como al hacer que tu adquisición de una habilidad o conocimiento sea un efecto secundario de alguna otra tarea que no puedas evitar sino dejarte llevar por ella, aprendes más rápidamente y más fácilmente.

- Es más probable que alcancemos nuestras metas específicas cuando somos motivados por un deseo más profundo y extenso de entender lo que estamos aprendiendo. Existen seis facetas de entendimiento y todas van más allá de lo superficial.

- Podemos ser motivados por la **explicación** (¿por qué ocurre XYZ?), la **interpretación** (¿cómo pueden estos datos ser cambiados de la forma X a la forma Y?), la **aplicación** (¿qué puedo realmente *hacer* con este conocimiento?), la **perspectiva** (¿de qué otra manera puedo ver esto?), la **empatía** (¿cómo lo está viendo otra persona?), y el **autoconocimiento** (¿quién soy?).

- Si podemos acceder a nuestra motivación más poderosa para entender el material frente a nosotros relacionado con nuestra motivación, somos más capaces de encontrar energía, entusiasmo y comprensión para nuestros estudios.

- El aprendizaje basado en la resolución de problemas es una manera en enfocarse en la aplicación de conocimiento del mundo real. Esto nos involucra en el mundo práctico de problemas y soluciones, causa y efecto. Nos volvemos ensimismados porque queremos seguir adquiriendo dominio y habilidad.

- La gamificación es una manera de hacer que el aprendizaje sea divertido y casi accidental. La gamificación usa principios de juegos en un contexto para nada relacionado con juegos. Los juegos funcionan mejor cuando las reglas están claras, hay una progreso obvio y lineal desde el paso a paso y las recompensas son inmediatas y proporcionales. La gamificación es genial para complementar una motivación agotada, y hacer que el estudio diario sea más divertido y placentero. Sin embargo, no puede reemplazar por completo una motivación u objetivo más profundos.

CAPÍTULO 5: ENSEÑANDO PARA APRENDER

- Abordar el asunto de enseñar desde el punto de vista del profesor enriquece tu propio entendimiento, y te proporciona una comprensión más firme de las cosas que tú mismo quieres aprender mejor. En la pirámide de aprendizaje, las actividades más activas, prácticas y enfocadas en la enseñanza terminan siendo las más efectivas.
- El efecto protégé explica cómo los tutores que enseñan a otros invariablemente se desempeñan mejor que los estudiantes que no enseñan. Esto se debe a que aprenden en incrementos más organizados, pueden separar con más amplitud su ego del fracaso y la experimentación y aceptar más responsabilidad para el aprendizaje activo.

- Una buena valoración es una parte esencial del proceso de aprendizaje, y aprender a dar y aceptar una buena valoración es parte de lograr el dominio en cualquier tema.
- Una buena valoración es específica, proporcionada lo más pronto posible y atada a una meta concreta. Al dar una valoración, usa el tacto y la conciencia, entendiendo que las personas aprenden mejor cuando se sienten apoyadas y elogiadas. Adapta tu valoración de acuerdo a la personalidad, estilo de aprendizaje y nivel de dominio de tus estudiantes.
- El procesamiento profundo de la información se trata de abordar información más allá del nivel superficial, para que podamos ver su significado.
- La metacognición esencialmente consta de dos modos: pensar y pensar sobre tu propio pensamiento (o regulación de ese pensamiento). El aprendizaje es mejor cuando alternas entre estos dos modos.
- Podemos fomentar la metacognición a través del uso de las autopreguntas, preguntas antes, durante y después del

- aprendizaje para darle forma, guiar y enriquecer nuestra comprensión.
- El método PQ4R es una manera de llevar la metacognición a tu lectura; este método consiste en los siguientes pasos: **anticipar, preguntar, leer, reflexionar, repetir y revisar**. Cuando seguimos metodológicamente cada uno de estos pasos con un texto o pieza de información, participamos más allá de los niveles superficiales y procesamos la información profundamente al hacer regularmente preguntas de nosotros mismos, del material y la manera en que interactuamos con el mismo.

CAPÍTULO 6. ERRORES EN EL APRENDIZAJE

- Así como adoptamos mejores hábitos para aprender de manera más efectiva, podemos trabajar para dejar los malos hábitos que socavan nuestro aprendizaje.
- Un mal hábito es la "lectura floja", o leer sin participar activamente con el material. Aprender *cómo* leer es tan importante como aprender *qué* leer.

- Nuestras actitudes y perspectivas pueden jugar un enorme papel en lo bien que aprendemos y lo resistentes que somos a los desafíos y adversidades. Una mentalidad fija es una mentalidad en la cual pensamos que el conocimiento y habilidades son rasgos congénitos y no pueden ser aprendidos, mientras que una mentalidad de crecimiento ve el desarrollo posible y alcanzable a través del esfuerzo y enfoque.
- Puede ser un error asumir que tienes un "estilo de aprendizaje" cuando existe muy poca evidencia científica que respalda esta idea. Aunque todos tenemos preferencias, el cerebro está diseñado para asimilar datos en una variedad de formatos, usando todos nuestros sentidos, y nuestro aprendizaje mejora cuando hacemos usos de tantos de estos como sea posible.
- Es mejor adaptar nuestro proceso de aprendizaje en términos de "estilos mentales". Todo el mundo entra en dos ejes: abstracto contra concreto (cualidad perceptual) y secuencial contra aleatorio (habilidad de orden). Estos producen cuatro tipos, con diferentes preferencias

a la hora de encontrar nueva información.
- Así como la lectura floja, la toma de notas floja es pasiva en lugar de activa, y falla al producir un aprendizaje duradero. Usa el método Cornell para tomar notas, con una columna para las notas per se, una para ideas y un espacio para un resumen, para que así participes más de cerca con el material.
- Una buena estrategia de toma de notas abarca no solo la toma de notas como tal, sino su edición, análisis y reflexión, para que las notas se vuelvan reflexiones reales de tu proceso en lugar de algo que es inerte y rápidamente olvidado.
- Todo el aprendizaje es cuestión de ensayo y error, y lo que funciona para una persona en un contexto podría no funcionar para otra persona en otro contexto. Todo se trata de una observación consciente, de ajustar y evaluar tu propio proceso a medida que avanzas y motivarte a hacer mejoras graduales.